ALFRED DE VIGNY

HÉLÉNA

POÈME EN TROIS CHANTS

RÉIMPRIMÉ EN ENTIER SUR L'ÉDITION DE 1822

Avec une introduction et des notes

THÈSE

PROPOSÉE A LA FACULTÉ DES LETTRES DE L'UNIVERSITÉ DE PARIS

PAR

EDMOND ESTÈVE

Agrégé des lettres

Maître de conférences à la Faculté des lettres de l'Université de Poitiers

PARIS

LIBRAIRIE HACHETTE ET Cie

79, BOULEVARD SAINT-GERMAIN, 79

1907

ALFRED DE VIGNY

HÉLÉNA

ALFRED DE VIGNY

HÉLÉNA

POÈME EN TROIS CHANTS

RÉIMPRIMÉ EN ENTIER SUR L'ÉDITION DE 1822

Avec une introduction et des notes

THÈSE

PROPOSÉE A LA FACULTÉ DES LETTRES DE L'UNIVERSITÉ DE PARIS

PAR

EDMOND ESTÈVE

Agrégé des lettres

Maître de conférences à la Faculté des lettres de l'Université de Poitiers

PARIS

LIBRAIRIE HACHETTE ET Cie

79, BOULEVARD SAINT-GERMAIN, 79

1907

INTRODUCTION

I

HISTORIQUE ET BIBLIOGRAPHIE DU POÈME.

Le poème d'*Héléna* a été publié pour la première fois dans le recueil anonyme paru, sous le titre collectif de *Poèmes*, à Paris, chez Pélicier, dans le courant du mois de mars 1822. Il n'a pas été réimprimé dans les *Poèmes* de 1829, première édition des poésies complètes, — à cette date, — d'Alfred de Vigny. « Plusieurs nouveaux poèmes, dit l'auteur dans sa préface, en remplacent d'autres, qui ont été jugés sévèrement par lui-même, et retranchés de l'élite de ses œuvres. » Les « poèmes nouveaux » étaient *Madame de Soubise*, *le Bain d'une dame romaine* et *la Frégate « la Sérieuse »*. Les « poèmes retranchés » étaient *Héléna* et l'*Ode au Malheur* [1]. Celle-ci a été réintégrée sous ce titre abrégé : *le Malheur*, dans l'édition des *Poésies com-*

1. Sur la bibliographie des poésies d'Alfred de Vigny, consulter : 1° Vicomte de Spoelberch de Lovenjoul, *les Lundis d'un chercheur*, Paris, 1894 (pp. 101 et suiv. : *Alfred de Vigny, notes bibliographiques, pages oubliées*) ; 2° Eugène Asse, *Alfred de Vigny et les éditions originales de ses poésies*, Paris, 1895.

plètes de 1841 [1]. En ce qui concerne *Héléna*, l'exclusion a été définitive. Une seule fois du vivant de l'auteur des fragments en ont été publiés, sous le titre de *la jeune Hellénienne*, dans le *Keepsake français, ou Souvenir de littérature contemporaine, recueilli par M. J.-B.-A. Soulié, conservateur à la Bibliothèque de l'Arsenal, première année, 1830*, in-8°, Paris, Giraldon, Bovinet et Cie. Cette pièce est composée de trois morceaux empruntés au IIe chant d'*Héléna* [2]. La publication avait-elle lieu du consentement de l'auteur ? On serait porté à le croire, vu les relations d'amitié, ou tout au moins de bonne confraternité littéraire, qui existaient entre Augustin Soulié et Alfred de Vigny [3] ; on en est dissuadé par le billet suivant, que le poète adressait au mois de décembre 1832 au directeur de la *Revue des Deux Mondes* : « J'apprends que plusieurs recueils de vers ont été imprimés cette année, et que leurs éditeurs m'ont fait l'honneur de se souvenir de quelques-uns de mes premiers ouvrages pour les réimprimer ainsi. Malgré ce qu'il y a d'honorable dans ce souvenir, je vous prie de déclarer que tout *keepsake*, album, almanach, etc., etc., qui a publié ou publiera prose ou vers signés de moi l'a fait ou le fera sans ma participation [4]. » Bien que la

1. *Poésies complètes du comte Alfred de Vigny*, nouvelle édition, in-12, Paris, Charpentier, 1841.

2. *Héléna*, chant II, vers 137-142, 148-176, 193-256. Le second fragment est séparé du premier par une ligne de points ; le troisième fait corps avec le second ; une ligne de points après le vers final. Aucune variante.

3. Voir, dans la *Correspondance d'Alfred de Vigny, 1816-1863*, recueillie et publiée par Emma Sakellaridès, Paris, Calmann-Lévy, pp. 8 et 20, les lettres à Augustin Soulié du 28 août 1824 et du 26 octobre 1828.

4. *Revue des Deux Mondes* du 1er janvier 1833, t. I, p. 112. — *Correspondance*, p. 51.

lettre vise spécialement les publications de ce genre faites vers la fin de 1832, le désaveu de Vigny est si général et si formel qu'on ne peut douter qu'il ne s'applique également au *Keepsake* édité par Soulié en 1830.

Depuis la mort d'A. de Vigny, des extraits plus ou moins étendus d'*Héléna* ont été, à diverses reprises, mis sous les yeux du public. Tout en sacrifiant son poème, Vigny n'avait pas renoncé à en sauver quelques fragments. « Des fragments seuls, *avec leur date*, dit-il dans son *Journal*, pourraient être imprimés avec quelques autres vers écrits à différentes époques. Un petit volume un jour peut-être, intitulé quelque chose comme *Fantaisies oubliées* [1]. » Louis Ratisbonne réalisa ce vœu en donnant à la suite du *Journal d'un Poète* [2], — non sans y laisser passer quelques incorrections [3], — quatre morceaux importants d'*Héléna* [4]. Depuis lors, M. de Lovenjoul, dans les *Lundis d'un chercheur* [5], Eugène Asse, dans sa plaquette sur les éditions originales d'A. de Vigny et dans *les Petits Romantiques* [6], M. Ernest Dupuy, dans sa belle étude sur *les Origines littéraires d'Alfred de Vigny* [7], MM. M.-A. Leblond dans

1. *Journal d'un Poète*, Paris, 1882, p. 280.
2. Pp. 281-287.
3. Notamment p. 282, l. 5 et 6 ; p. 285, l. 7, et surtout l. 26, où l'épithète « précieux » se trouve rimer avec elle-même.
4. A savoir : chant Ier, v. 1-52 ; chant II, v. 15-28, 153-222, 349-364.
5. Pp. 117-119.
6. *Alfred de Vigny et les éditions originales de ses poésies*, p. 10 ; — *Les Petits Romantiques*, Paris, 1900, pp. 118-120.
7. *Revue d'histoire littéraire de la France*, 1903, n° 3, pp. 373 et suiv. ; recueilli dans *la Jeunesse des Romantiques*, Paris, 1905, pp. 290 et suiv.

un intéressant article de *la Renaissance latine* [1], ont, par les jugements qu'ils ont portés ou les citations qu'ils ont faites, ramené sur l'œuvre oubliée l'attention des lettrés. Il m'a paru que des analyses ou même des réimpressions partielles ne suffisaient pas à donner une juste idée d'un poème en trois chants et en 911 vers, le plus long que Vigny ait jamais écrit [2]. M. Etienne Tréfeu, gendre de feu Ratisbonne, et ayant droit d'Alfred de Vigny, a bien voulu m'accorder libéralement l'autorisation de le publier *in extenso*. Qu'il me soit permis de lui exprimer ici ma gratitude personnelle et la reconnaissance de tous les amis des lettres françaises.

Cette réimpression ne présentait, quant à l'établissement du texte, aucune difficulté. Il n'existe qu'un seul texte d'*Héléna*, celui que fournit l'édition de 1822. De manuscrit, point. Par une note insérée au *Journal d'un Poète*, nous savons que Ratisbonne, en 1867, avait entre les mains un exemplaire des *Poèmes* de 1822 particulièrement digne d'attention. « *Héléna* y est annotée à la plume par la mère du poète ; elle en a souligné les passages défectueux d'une main inexorable. Et au-dessous de ces sévères annotations, le poète lui-même a, depuis, ajouté les siennes, qui donnent raison, avec une charmante humilité, aux critiques de sa mère [3]. » Il eût été du plus haut intérêt de joindre ces remarques au texte qui en avait été l'objet. Malheureusement, ce précieux exemplaire est introuvable. Les recherches auxquelles je me suis livré sont demeurées

1. *Vigny inconnu : l'exotisme religieux et militaire*, dans *la Renaissance latine* du 15 février 1905, pp. 228-248.

2. *Eloa* ne compte que 848 vers.

3. P. 281, note de Ratisbonne.

infructueuses. M. de Lovenjoul lui-même ignore quel peut être l'heureux possesseur de cette pièce unique [1]. Je souhaite qu'il se fasse connaître un jour. En attendant, force m'a été de m'en tenir à la reproduction pure et simple de l'édition originale. Je l'ai transcrite à la lettre, en respectant scrupuleusement l'orthographe et même, — sauf dans quelques cas où la correction s'imposait [2], — la ponctuation de l'auteur.

Si j'avais borné là ma tâche, elle eût été aisée. Mais à défaut d'un apparat critique qui n'a pas de raison d'être, cette réimpression d'*Héléna* m'a semblé devoir comporter une annotation d'un autre genre. Quiconque a étudié d'un peu près les poèmes de la première manière d'Alfred de Vigny, — j'entends par là tous ceux qui sont réunis dans l'édition collective de 1829, — sait combien souvent on retrouve sous sa pensée une autre pensée, sous ses images des images venues d'ailleurs, sous les formes de son style les formes du style de Chateaubriand, de Chénier, de Byron, pour ne citer que les plus illustres de ses maîtres. Comme l'a fait remarquer justement M. Ernest Dupuy, on ne peut apprécier exactement ce poète de « seconde inspiration » sans appliquer préalablement à l'étude de son texte la méthode à laquelle la philologie antique a recours pour Horace et Virgile, la philologie moderne pour

1. Il m'en a donné l'assurance avec la bonne grâce qui lui est habituelle.

2. Ces corrections ne valaient pas la peine d'être mentionnées dans les notes ; je me borne à les signaler ici. J'ai supprimé, chant Ier, v. 52 et 195, une virgule à l'hémistiche ; chant II, v. 20, un point à la fin du vers. J'ai remplacé par une virgule, à la fin du vers, chant Ier, v. 20, un point et virgule ; v. 59, un point ; chant III, v. 245, un point et virgule.

Ronsard et Chénier, qu'elle commence à étendre à Victor Hugo et à Lamartine [1]. A plus forte raison était-il nécessaire de procéder de la sorte pour un poème dont l'action se déroule dans un pays lointain, où Vigny n'a jamais voyagé qu'en imagination, et qu'il ne connaissait que par les livres. Auprès de qui s'est-il, comme on dit, « documenté » ? Qui lui a suggéré les épisodes de son poème ? A qui a-t-il demandé le fond et parfois les termes de ses descriptions, les images dont il orne son récit, les traits de pittoresque exotique dont il le relève ? Et ce qu'il a emprunté, quel usage en a-t-il fait ? Comment l'a-t-il, avec plus ou moins de bonheur, fondu dans sa poésie ? Les rapprochements qu'on trouvera presque au bas de chaque page permettront d'en juger. Je ne me flatte pas d'avoir épuisé tous ceux qu'il était possible ou seulement légitime de faire. J'espère toutefois avoir apporté une contribution utile au critique qui entreprendra quelque jour, pour l'œuvre entière d'Alfred de Vigny, cette confrontation du texte avec ses sources, assise nécessaire d'un jugement circonstancié sur l'originalité du poète. J'ai moi-même contracté pareille obligation envers M. Ernest Dupuy. Nous avions fait sur *Héléna*, à l'insu l'un de l'autre, une enquête du même genre. Il a publié avant moi les résultats de la sienne [2], et j'en ai profité. Je tiens d'autant plus à le reconnaître que je me trouverai, pour ce qui regarde l'histoire du poème, en désaccord avec lui.

Cette histoire, Vigny l'a racontée dans le *Journal d'un Poète* : « *Héléna*, dit-il, est un essai fait à dix-neuf ans. Il a un vice fondamental, c'est l'action du poème.

1. Article cité, *Revue d'histoire littéraire*, 1903, p. 409.
2. *Ibid.*, pp. 392-394.

« Une jeune fille des îles Ioniennes[1] a été violée par les soldats turcs.

« Son amant, qui l'ignore, la conduit à bord d'un vaisseau grec qu'il commande et mène délivrer Athènes.

« Il la voit mélancolique et souhaitant la mort. Lui, qui ne voit et ne désire que la *victoire* sous les yeux de sa fiancée, il lui parle de la Grèce et la lui montre dans le lointain en traversant les Cyclades.

« Elle voit une autre Grèce et ses ruines et ses tombeaux. On attaque Athènes en débarquant. Une église renferme les restes de la garnison turque réfugiée ; Héléna voit ces Turcs qui vont être écrasés et s'élance en criant :

— « Je meurs ici !

— « Sans ton époux ?

— « Mes époux,les voici, dit-elle. — Je meurs. Mon âme est vierge encore. » Voilà le mot de l'énigme.

« Son amant (*Mora*, nom mal choisi et au hasard, sans étude assez attentive des *Botzaris*, *Canaris*, etc., etc.), son amant est trop *naïf* en attribuant sa tristesse au regret seul qu'elle a d'avoir quitté *sa famille pour le suivre.*

1. Vigny analysait sans doute son poème de mémoire, et ne l'avait pas relu depuis longtemps. Héléna comme son amant Mora sont tous deux Athéniens. Ceci ressort de maints passages. Mora a parlé au premier chant (v. 59-60) :

> D'Athènes, son berceau, qu'il voulait secourir,
> Qu'il y fut fiancé, qu'il y voulait mourir.

Plus loin, chant II, v. 58 et suiv., il brûle d'aller à Athènes retrouver Héléna. Quand elle rejoint l'escadrille grecque à son départ de Scio, Mora s'étonne qu'elle ne soit pas « dans Athène à cette heure endormie ». (II, v. 150.) En faisant ses adieux à sa patrie et à la vie, elle regrette de n'avoir pas connu les douceurs maternelles et « élevé les jours d'un jeune Athénien », etc. Il n'est peut-être pas sans intérêt, comme on le verra plus loin, de relever ce *lapsus*.

« Il n'ouvre les yeux qu'au moment de son aveu public et désespéré.

« Le lendemain, au clair de lune, il va gémir sur sa cendre dans les ruines, invoque Héléna et promet de passer sa vie à pleurer sur cette cendre.

« Cependant il se console dans un coin en réfléchissant, et dit à son ombre qu'il hésiterait à la ressusciter, s'il en avait le pouvoir, et qu'il l'aime mieux morte et à l'état de fantôme et de souvenir ; que leur amour sans honneur eût été très refroidi et fort troublé, et conclut :

Va, j'aime mieux ta cendre encor qu'un tel bonheur.

« C'est une aventure souillée par le fond même du sujet, et je remarquai après la publication que les personnes qui m'en parlaient avec le plus d'*enchantement* et qui appréciaient le mieux ce qu'il y avait là de digne de la grande cause grecque, ne prenaient aucun intérêt ni à l'héroïne *cosaquée*, comme il était trop d'usage de le dire après l'avoir souffert dans les deux invasions, ni surtout à l'amoureux refroidi par la découverte fâcheuse du dénouement.

« Refaire une autre aventure avec les mêmes personnages était une absurde et impossible tentative. — Moi-même j'étais saisi de dégoût et d'ennui seulement en relisant cet essai, et la conclusion de mon examen de moi-même fut de retrancher le poème entier de mes œuvres : je le fis, et fis bien.

« Aujourd'hui, mon avis est encore le même [1]. »

Ainsi donc Alfred de Vigny a composé *Héléna* à dix-neuf ans, — dans le courant de 1816 par conséquent, puisqu'il

1. *Journal d'un Poète*, pp. 278-280.

est né le 28 mars 1797, — cinq ans avant la publication des *Poèmes*. Il a exclu cette composition de ses poésies complètes parce que la donnée même en répugnait à sa délicatesse. Il n'y aurait qu'à prendre acte de cette déclaration et à y renvoyer les curieux, si une lecture attentive et répétée de l'ouvrage ne faisait douter que le poète ait dit sur l'un et l'autre point toute la vérité. Faut-il admettre purement et simplement la date suggérée par Vigny ? N'y a-t-il au retranchement d'*Héléna* d'autres raisons que celle qui nous est donnée par le *Journal* ? — J'essaierai, en m'appuyant sur le texte même du poème, de résoudre cette double question.

II

LA DATE DE LA COMPOSITION D'« HÉLÉNA » : 1816 OU 1821 ?

C'est seulement depuis la publication posthume, en 1867, du *Journal d'un Poète* que la date assignée par Vigny à la composition d'*Héléna* est connue du public. Mais d'avance l'authenticité en avait été implicitement niée par Sainte-Beuve, au cours du « portrait » définitif qu'il traça de l'écrivain dans la *Revue des Deux Mondes* du 15 avril 1864. « Le début d'Alfred de Vigny en littérature, dit-il, date de 1822 ; son premier recueil poétique parut sans nom d'auteur. Il payait, par son poème d'*Héléna*, son tribut d'enthousiasme à la cause des Grecs ; en même temps, par les pièces de *la Dryade*, de *Symétha*, il jouait de la flûte sur le mode d'André Chénier, ressuscité depuis quelques années et mis en lumière. La vraie date authentique de ces poèmes néo-grecs de M. de Vigny est celle de leur publication, et il n'y a pas lieu, pour l'historien littéraire qui tient à être exact, de recourir aux dates antérieures et un peu arbitraires que le poète a cru devoir leur assigner depuis... Notez bien que ces jolies pièces de *Symétha* et de *la Dryade* sont infiniment supérieures par le style au poème d'*Héléna*, qui ne saurait être antérieur à 1821, et il serait bien singulier qu'elles l'eussent précédé de plusieurs années. Le goût s'y refuse[1]. » M. Ernest Dupuy, dans son article sur *les Origines littéraires d'Alfred de Vigny*, a protesté vivement contre l'assertion de Sainte-Beuve, et revendiqué pour *la Dryade*, pour *Symétha*, pour *le Bain d'une dame romaine*, pour *Héléna* enfin, les dates fixées par l'auteur[2]. Je laisse de côté les trois premières pièces, qui ne sont pas ici directement en cause. En ce qui concerne *Héléna*, je n'hésite pas à déclarer que l'opinion de Sainte-Beuve me paraît tout à fait plausible, en dépit des arguments invoqués par M. Ernest Dupuy. Je dois à l'autorité du critique comme à la compétence hautement reconnue de son contradicteur de les examiner en détail.

Avant d'entrer dans cette discussion, j'ai quelques observations à présenter. Je n'ai pas besoin, je le crois, de protester de mon respect et pour le talent et pour le caractère d'Alfred de Vigny. J'admire l'un et j'honore l'autre autant que personne. Mais enfin un homme de génie n'est pas à l'abri d'une défaillance de mémoire, si même on ne veut pas admettre qu'un grand poète puisse, par coquetterie

1. *Revue des Deux Mondes*, t. L, pp. 772-773.
2. *Revue d'histoire littéraire*, 1903, pp. 373-376.

littéraire, céder à la tentation de rajeunir quelques-uns de ses écrits. Nous n'avons d'autre preuve de l'authenticité de la date assignée à la composition d'*Héléna* que le témoignage — ne faudrait-il pas dire plutôt : la boutade? — du *Journal* : « *Héléna* est un essai fait à dix-neuf ans. » Cette note, combien d'années après l'événement a-t-elle été rédigée ? Longtemps après, sans doute, et cela ressort de la dernière ligne même du passage ; assez longtemps tout au moins pour que Vigny ait pu confondre certains détails de son poème, et transformer la jeune Athénienne dont il avait chanté les malheurs en une Grecque des îles Ioniennes ; assez longtemps pour qu'il ait perdu de vue la chronologie, et se soit reproché de n'avoir pas calqué le nom de son Mora sur ceux « des Botzaris, Canaris, etc., etc. », tous personnages inconnus de lui, — et pour cause, — en 1816. J'ajouterai que, malgré sa rigueur apparente, — on n'a dix-neuf ans qu'une fois, tandis qu'on a vingt ans, avec un peu de bonne volonté, au moins jusqu'à trente, — l'affirmation du *Journal* me semblerait infiniment plus décisive si elle avait épargné au lecteur la peine, d'ailleurs légère, de déduire de l'âge de l'auteur le millésime de l'œuvre. En recourant à ces évaluations indirectes, on gagne une chance de plus de se tromper : c'est ce qui est arrivé une fois au moins à ma connaissance à Alfred de Vigny. La deuxième préface des *Poèmes* de 1829, écrite en juillet, pour le second tirage de cette édition, et supprimée dans les réimpressions postérieures, débutait par les lignes suivantes : « Ces poèmes viennent d'être réimprimés, et voilà qu'on les imprime encore peu de jours après. Lorsqu'ils parurent il y a neuf ans, ils furent presque inaperçus du public. » Or, en 1829, il y avait non pas *neuf* ans, mais *sept*, qu'avait paru le premier recueil des *Poèmes* (1822)[1]. Enfin Vigny a fait allusion, dans une autre circonstance où sa mémoire devait être plus sûre, à la date d'*Héléna*. C'est au cours d'une lettre adressée en 1828 à Paul Foucher, qui lui avait demandé, pour un article en préparation, quelques notes biographiques. « Mes ouvrages, répondit le poète, fruits imparfaits du désœuvrement militaire, furent *Héléna*, *Eloa*, *le Déluge*, et, depuis, *Cinq-Mars*. Le premier n'a d'autre mérite que sa date, qui rappelle une époque où la mode de l'intérêt pour les Hellènes n'était pas encore venue[2]. » Renseigner en ces termes un tout jeune confrère qui ne pouvait soupçonner que le poème de Vigny eût dormi cinq ans dans les cartons de son auteur, en un temps surtout où l'on produisait hâtivement et où l'on publiait plus vite encore, n'était-ce pas l'autoriser, sinon l'inviter à prendre pour date authentique de la composition d'*Héléna* celle qui paraît ressortir du sujet lui-même, et donner d'avance raison à Sainte-Beuve ?

Celui-ci, en effet, n'a pas dit expressément pourquoi il se refusait à reporter au delà de 1821 la composition du poème. Mais on devine sans peine à quel motif il a obéi. Non seulement l'ouvrage respire le plus vif enthousiasme pour la cause de l'indépendance hellénique, mais il nous transporte en pleine insurrection de la Grèce. Il nous fait assister au départ d'une flottille de corsaires, réunie à Chio pour aller délivrer Athènes, au combat livré par ces

1. L'erreur d'A. de Vigny est relevée par M. de Lovenjoul dans *les Lundis d'un chercheur*, p. 126.

2. *Correspondance d'Alfred de Vigny*, p. 14 : lettre à Paul Foucher, du 20 avril 1828.

hardis rebelles et à leur triomphe. Or le soulèvement contre la domination musulmane n'a éclaté en Moldo-Valachie qu'au mois de mars 1821 ; le mois suivant, un mouvement analogue se produisait dans la Morée et dans les Iles ; on commençait à parler des escadrilles grecques et de leurs exploits ; en juin 1821, Athènes, — sauf l'Acropole, où la garnison turque était serrée de près, — était au pouvoir des insurgés [1]. Selon les règles ordinaires de la vraisemblance, c'est sous le contre-coup de ces événements que Vigny a dû concevoir le poème qu'il a publié au début de l'année suivante. Ainsi en a jugé le critique, et la chose lui a paru tellement évidente qu'il ne s'est pas donné la peine d'y insister. M. Ernest Dupuy l'en blâme, et entreprend de prouver que son assertion est mal fondée. Voyons par quels arguments.

Le premier semble un peu étranger à la cause. M. Dupuy s'empare d'une erreur commise dans la suite du « portrait » par Sainte-Beuve, qui date de 1823 la publication du *Trappiste*. Or le poème en question « avait été imprimé pour la première fois, observe M. Dupuy, au mois de juillet 1822. Il fut inspiré à Alfred de Vigny par un article du *Journal des Débats* qui rendait compte à une semaine de distance de la journée équivoque du 7 juillet, où la garde royale espagnole, désavouée par Ferdinand sous la pression du parti libéral et forcée de s'évader de Madrid pour ne pas être désarmée au profit de l'émeute, put se considérer comme trahie [2] ». Et le critique fait cette re-

1. Voyez Gervinus, *Insurrection et Régénération de la Grèce*, trad. française par J.-F. Minssen et Léonidas Sgouta, 2 vol. in-8°, Paris, Durand, 1863, t. I, p. 212.

2. Article cité, p. 374.

marque : « Avant tout, lorsqu'on se mêle d'épiloguer sur les dates, il ne faut pas soi-même en introduire d'inexactes. » C'est pourquoi il aurait dû lui-même dater non pas de juillet, mais d'octobre 1822, la première édition du *Trappiste*[1]. Ceci n'est qu'une vétille. Mais l'argument *ad hominem* invoqué par M. Dupuy peut être facilement retourné contre la thèse qu'il soutient. Si *le Trappiste*, poème de circonstance, a été écrit par Vigny sous la dictée des événements, à la veille, pour ainsi dire, de sa publication, pourquoi n'en aurait-il pas été de même d'*Héléna*, autre poème de circonstance? On objectera peut-être que *le Trappiste* a 228 vers et qu'*Héléna* en compte 941 ? Mais on voudra bien remarquer qu'Alfred de Vigny a eu, non pas trois mois à peine, mais dix environ pour l'écrire, et que cette année 1821 justement est une de ses plus pauvres au point de vue de la production poétique, puisque, si l'on recule *Héléna* jusqu'en 1816, on ne peut y rapporter en tout et pour tout que *la Prison*[2].

1. « *Le Trapiste* (*sic*), pièce de vers publiée en une brochure in-4°, anonyme aussi comme les *Poèmes*), parut également en 1822, chez Guiraudet, imprimeur, mais postérieurement aux *Poèmes*. Elle eut trois éditions : la première en octobre 1822 (la pièce datée alors, sur le titre, du 7 juillet) ; la deuxième en décembre 1822, et la troisième enfin en mars 1823, toutes trois intitulées : *le Trapiste* (*sic*). » (De Lovenjoul, *les Lundis d'un chercheur*, p. 104.) Il est possible que Sainte-Beuve eût dans sa bibliothèque la troisième édition du poème, et qu'il ait pris un peu légèrement sa date pour celle de la première. L'erreur était assez facile à commettre, — et à relever, — pour qu'on n'y voie point malice.

2. Je m'en rapporte, sur ce point, aux dates fournies par Vigny lui-même dans l'édition des *Poèmes* de 1829. Ceci ne veut pas dire que j'accepte sans réserves toutes les indications de cette nature données par le poète En particulier, j'aimerais à savoir pourquoi *la Neige*, datée de 1820, et insérée à la fin de 1822 dans *les Tablettes romantiques* pour

Un second argument mérite d'être discuté plus à fond. « Pourquoi, demande M. Dupuy, le poème d'*Héléna* ne saurait-il être antérieur à 1821 ?... La révolution grecque n'éclata dans les principales provinces de la Turquie qu'au mois de mars de cette année, et la prise d'Athènes, sur laquelle le poème s'achève, n'eut lieu que huit mois après. Il semble bien probable qu'un ouvrage, fût-il en vers, où les Grecs s'emparent d'Athènes, est postérieur à cet événement. Il serait facile pourtant de pousser ce raisonnement à l'absurde. La forteresse de l'Acropole ne tomba entre les mains des Grecs, par capitulation, que sept mois après leur entrée dans la ville, c'est-à-dire le 30 juin 1822. Or le poème d'*Héléna* nous montre l'Acropole prise : les Turcs en ont été chassés ; quelques juifs, craignant « les vaincus non moins que les vainqueurs », se sont réfugiés, chargés d'objets provenant du pillage, dans une mosquée « au front blanc » qui est bâtie « au coin » du Parthénon en ruines. Faut-il en conclure que le poème d'*Héléna* est postérieur à la prise de l'Acropole ? La fausse logique dit oui, le bon sens dit non : *Héléna* avait paru avec quelques autres poèmes au mois de mars 1822 [1]. »

La démonstration est élégante : elle n'est pas sans réplique. Ce n'est pas huit mois après l'explosion du soulèvement en Modalvie et Valachie que les Grecs s'emparèrent d'Athènes, c'est au début même des hostilités. Ils en

1823, est, par une exception inexplicable, la seule des pièces de Vigny antérieures à 1822 qui n'ait pas été recueillie dans la première édition des *Poèmes*. On est fondé à croire qu'elle n'a été composée que postérieurement au mois de mars 1822. Vigny, en la reportant à 1820, se serait-il souvenu que les *Annales de la littérature et des arts* avaient publié en 1822 (t. VII, p. 116) un poème intitulé *Eginhard et Imma* ?

1. Article cité, p. 374.

étaient maîtres au mois de juin 1821, comme nous l'avons dit plus haut. La garnison turque, il est vrai, tenait toujours dans l'Acropole. Mais elle y était étroitement bloquée, et en assez fâcheuse posture pour qu'on pût s'attendre à la voir se rendre. Une réoccupation passagère de la ville par les Turcs, suivie d'une reprise par les Grecs, retarda sans doute la capitulation. Mais, vers la fin de 1821, on l'espérait de jour en jour ; au début de février 1822, le bruit courait dans les journaux que c'était chose faite [1]. Il est incontestable que Vigny a anticipé de quelques mois sur les événements. S'y croyait-il autorisé par les progrès de l'insurrection, si considérables pendant la première année de la guerre ? ou prenait-il ses espérances pour des réalités ? professait-il, en sa qualité de militaire, cette maxime qu'une place assiégée est en général une place prise ? ou bien, en sa qualité de poète, était-il doué de cet instinct divinateur que les anciens attribuaient au *vates* ? Par une coïncidence assez curieuse, vers le même temps un autre poète prophétisait, lui aussi, les victoires de la Grèce. C'est Shelley, dans son drame d'*Hellas*. La pièce a été écrite, nous le savons de source certaine, au mois d'octobre 1821. Au vers 546, un messager vient annoncer au sultan Mahmoud que « Nauplie, Tripolizza, Mothon, Athènes, Navarin, Artas, Monembasia, Corinthe et Thèbes sont prises d'assaut». La nouvelle, à cette date, était exacte pour Tripolizza, Navarin et Monembasia ; pour les autres, elle était prématurée. Ces places ne tombèrent au pouvoir des Grecs qu'en 1822 [2]. Si nous ne connaissions pas l'époque

1. Voir le *Journal des Débats* du 11 février 1822.

2. Sur la date à laquelle se place la composition d'*Hellas*, et sur l'anachronisme commis par Shelley, voir Maurice Castelain, *Hellas*,

précise à laquelle fut composé le drame d'*Hellas*, de ce fait que Shelley présente comme accomplis en 1821 des faits qui ne se sont réalisés qu'en 1822, serait-on fondé à prétendre qu'il aurait pu tout aussi bien les imaginer cinq ans à l'avance, et écrire son poème, par exemple, en 1816? Les poètes, en cela semblables au reste des hommes, ne prophétisent que ce qu'ils prévoient. Or ce qu'il était possible, et même facile, vu la marche des événements, de prévoir en 1821, c'était la chute, au profit des insurgés, des citadelles qu'ils tenaient bloquées ; ce qu'il était difficile, pour ne pas dire impossible, de supposer en 1816, ce n'était pas la capitulation d'une ville à demi prise, c'était l'insurrection même, dont le siège d'Athènes n'était qu'un épisode en quelque sorte inévitable.

Ceux-là, en effet, auraient été véritablement prophètes qui, dès ce moment, auraient escompté et annoncé, je ne dis pas l'affranchissement, mais le soulèvement général de la Grèce. Un courant de sympathie existait depuis longtemps en faveur de ses malheureux habitants, opprimés par la tyrannie ottomane. Le tableau de leurs misères avait été tracé à maintes reprises par les voyageurs dont les récits circulaient en Europe. Mais aucun d'entre eux ne donnait à ses lecteurs l'espoir de voir finir, en un jour prochain, l'esclavage et les souffrances des Hellènes. On s'accordait au contraire à les représenter comme abrutis par des siècles de servitude, et incapables, pris en

drame lyrique traduit en prose française, Paris, Hachette, 1906, *Préface*, p. x, et *Eclaircissements*, p. 169. Il y a lieu, en ce qui regarde Athènes, de tenir compte de la distinction entre la première occupation de la ville par les Grecs (juin 1821) et la prise de l'Acropole (juin 1822).

masse, de secouer le joug. Qu'on ne dise point que tous ces voyageurs étaient des esprits positifs et froids. Parmi eux il y avait deux poètes, qui aimaient la Grèce, qui avaient été pris au charme de son ciel, de ses sites, de ses ruines, qui la regardaient à travers le mirage de leurs souvenirs classiques, qui rêvaient de la voir reprendre sa place au milieu des nations. Or l'un et l'autre ne faisaient que se lamenter sur l'irrémédiable avilissement des descendants dégénérés de Miltiade et de Thémistocle. Voici comment, en 1811, Chateaubriand résumait son impression dernière du peuple hellène : « Je n'ai point assez vu les Grecs modernes pour oser avoir une opinion sur leur caractère. Je crois qu'il est très facile de calomnier les malheureux : rien n'est plus aisé que de dire à l'abri de tout danger : « Que ne brisent-ils le joug sous lequel ils gémissent ! » Chacun peut avoir au coin du feu ces hauts sentiments de fière énergie. Je pense seulement qu'il y a encore beaucoup de génie dans la Grèce... Toutefois je crains bien que les Grecs ne soient pas si tôt disposés à rompre leurs chaînes. Quand ils seraient débarrassés de la tyrannie qui les opprime, ils ne perdront pas dans un instant la marque de leurs fers. Non seulement ils ont été broyés sous le joug du despotisme, mais il y a deux mille ans qu'ils existent comme un peuple vil et dégradé [1]. » Et Byron, en 1812, exprimait le même sentiment en termes plus énergiques encore : « Belle Grèce, triste reste d'une gloire qui n'est plus ! disparue et pourtant immortelle, déchue et grande encore ! Qui maintenant guidera

1. *Itinéraire de Paris à Jérusalem*, à la fin de la première partie (*Voyage en Grèce*) : *Œuvres complètes* de Chateaubriand, éd. Garnier, Paris, 1859, t. V, p. 219.

tes enfants épars? qui brisera leur esclavage qu'un long temps a consacré ?... Ce n'est pas à trente tyrans qu'est asservie aujourd'hui la Grèce ; à chaque pas on y rencontre un brutal oppresseur. Ses fils ne se révoltent point ; ils se bornent à de vaines railleries, tremblant sous la main musulmane qui les châtie, naissant, mourant esclaves... Ils soupirent après les armes de l'étranger, et ils n'ont pas le courage de combattre leurs féroces ennemis et d'effacer leur nom déshonoré du livre funèbre de l'esclavage... Esclaves héréditaires ! ne savez-vous donc pas que ceux qui veulent être libres doivent s'affranchir de leurs propres mains ?... Grèce, tu as beau changer de maîtres, ta destinée reste toujours la même ; c'en est fait de tes jours de gloire, mais non de tes jours de honte. La ville enlevée au Giaour par les sectateurs d'Allah, le Giaour peut encore l'arracher à la race d'Othman... Mais jamais la liberté ne visitera ce sol maudit, et à travers des siècles d'un labeur sans repos l'esclave y succédera à l'esclave[1]. » En 1813 il est encore plus dur pour les Grecs : « Sourds à la voix de l'honneur et à celle du crime, souillés de toutes les infamies qui abaissent l'homme au-dessous de la brute, ils n'ont pas même le mérite d'une vertu farouche ; ils n'ont aucun instinct de liberté ni de courage... Ce serait vainement que la liberté ferait un appel à leur valeur et les inviterait à briser le joug sous lequel ils gémissent : je cesse de les plaindre[2]. » En 1821, on pouvait lire, au troisième chant de *Don Juan*, l'hymne où son poète grec exprimait à la fois son enthousiasme pour

1. *Childe Harold*, chant II, st. 73-77. Je cite d'après la traduction Pichot, 1820.
2. *Le Giaour*, début.

la liberté et son désespoir de le faire jamais partager à ses inertes compatriotes : « Nous contenterons-nous de pleurer sur des jours plus heureux ? Nous contenterons-nous de rougir ? — Nos pères répandirent leur sang. Terre, entr'ouvre ton sein, et rends-nous quelques anciens Spartiates. Ne nous en rends que trois des *trois cents*, pour renouveler l'exploit des Thermopyles. Quoi ? tu ne réponds pas ? Morts, vous gardez le silence ? Oh ! non. La voix des morts retentit comme un torrent lointain et me crie : « Qu'un seul vivant lève la tête, un seul..., nous accourons, nous accourons ! » Les vivants seuls sont muets. C'est en vain, c'est en vain : préludez à d'autres accords, remplissez la coupe du vin de Samos... Remplissez la coupe du vin de Samos : nos vierges dansent sous l'ombrage. J'admire l'éclat de leurs yeux noirs. Mais quand je contemple leurs incomparables attraits, je sens des larmes brûlantes sillonner mes joues, en pensant que leurs seins si beaux doivent un jour allaiter des esclaves [1]. » Ainsi chantait Byron « à un moment, dit Gervinus, où le monde n'avait pas encore le plus léger soupçon de l'insurrection imminente [2]. » Et l'on voudrait qu'un jeune Français, à peine sorti du collège, l'eût quatre ans plus tôt prévue et pré-

1. *Don Juan*, chant III. Les chants III, IV et V de *Don Juan* ont été écrits en 1820, et publiés au début de 1821.

2. *Insurrection et Régénération de la Grèce*, t. II, p 20. — En 1820 encore, les Grecs, appelés aux armes par Ali de Tébélen, qui était en lutte avec le sultan Mahmoud II et s'offrait à eux comme le chef d'une croisade nationale, faisaient cause commune contre lui avec les géné raux turcs. Ce n'est qu'en décembre 1820 qu'ils se tournèrent de son côté ; qu'en février 1821 que l'insurrection grecque fut proclamée à Patras ; qu'en avril que la Morée se souleva. (Voir E. Bourgeois, *Manuel historique de politique étrangère*, Paris, 1898, t. II, p. 661.)

dite, bien mieux, l'eût représentée réalisée et triomphante ?

L'opinion de Sainte-Beuve se trouve encore confirmée par les quelques allusions historiques que l'on peut relever dans le texte d'*Héléna*. Il est question au chant Ier, vers 92, du fameux hymne de Rhigas, Δεῦτε, παῖδες τῶν Ἑλλήνων :

> De Riga, massacré, l'hymne s'est entendu [1].

Vigny en eût-il parlé s'il ne l'avait lu en 1819 ou 1820 soit dans les œuvres de Byron, qui le premier fit connaître le texte de ce chant guerrier aux lecteurs européens, soit dans la traduction de Byron par Pichot, soit dans le *Conservateur littéraire* qui le reproduisit, d'après cette dernière, dans sa XVIe livraison (juin 1820) ? — Au chant II, Héléna raconte, en transportant la scène d'Épire en Attique, la mort héroïque des femmes souliotes, qui, plutôt que de tomber aux mains des musulmans, se jetèrent du haut des rochers dans les flots de l'Achéloüs :

> Vous avez évité ces horribles trépas,
> Vous, sœurs de mon destin, plus heureuses compagnes.
> Votre pudeur tremblante a fui sur les montagnes ;
> Appelant de leurs mains et plaignant Héléna,
> Leur troupe poursuivie arrive à Colona :
> Puis sur le cap vengeur, l'une à l'autre enlacée,
> Chanta d'une voix ferme, exempte de sanglots,
> Et leur hymne de mort, sur le mont commencée,
> S'acheva dans les flots [2].

Le fait remonte à 1803, au temps de la guerre d'exter-

1. Je ferai remarquer que tandis que les écrivains français de la Restauration usent de la graphie *Rhigas* ou *Rigas*, Vigny conserve au nom du fameux révolutionnaire la forme *Riga*, sous laquelle Byron l'avait inséré dans son œuvre. Il va sans dire que la même orthographe est adoptée par Pichot et par le *Conservateur littéraire*.

2. V. 406-414.

mination entreprise par Ali-Pacha contre les Souliotes ; mais il n'a été connu chez nous qu'en 1820, lorsque Pouqueville en eut fait mention au tome II de son *Voyage dans la Grèce*[1]. C'est là que Viennet, la même année, alla le chercher pour en orner son poème de *Parga*, et Népomucène Lemercier pour l'insérer dans sa tragédie des *Martyrs de Souli*, qui ne parut qu'en 1825[2]. Le même Pouqueville, au tome V de son ouvrage (1821), en donne une seconde version, un peu différente de la première, où il ne paraît pas trop aventureux de retrouver la source des vers d'Alfred de Vigny : « Ali, forcé de lever le blocus de Parga, ordonne à ses troupes de se porter vers Zalongos, afin d'égorger les Souliotes qui venaient de s'y établir. Résistance intrépide de Kitzo Bochari et de Kontzonicas. Courage héroïque de soixante femmes menacées d'être réduites en esclavage par les Turcs. Elles lancent leurs enfants en guise de pierres sur les assaillants du haut des rochers où elles se trouvaient, puis, entonnant leur hymne funèbre et se donnant la main l'une à l'autre, elles se précipitent au fond de l'abîme, où les cadavres amoncelés

1. Après la prise de Souli, les habitants, raconte Pouqueville, essayèrent de s'enfuir sous la conduite de Kitzo Bochari. Cernés par les troupes d'Ali, ceux qui pouvaient combattre furent massacrés. « Mais que deviennent les femmes et les enfants témoins de ce carnage ? Privés de leurs défenseurs, privés de leurs pères et de leurs époux, leurs larmes ni leur désespoir n'attendriront pas leurs bourreaux. Un seul cri se fait entendre : *Mourons !* et par un mouvement spontané plus de deux cents femmes, prenant leurs enfants entre leurs bras, se précipitent et disparaissent dans les ondes rapides de l'Achéloüs qui les engloutit ! » (Pouqueville, *Voyage dans la Grèce*, t. II, Paris, 1820, p. 204.)

2. Lemercier le déclare expressément dans les *Considérations* placées en tête de ses *Chants héroïques des montagnards et matelots grecs, traduits en vers français*, Paris, 1824.

de leurs enfants en empêchèrent quelques-unes de trouver la mort, objet de leurs vœux [1]. » — Un vers du même chant fait allusion à l'abandon de la ville de Parga par ses habitants :

> Compagnon mutilé de la mort de Riga,
> Et pirate sans fers, *fugitif de Parga*,
> Le marin, rude enfant de l'île,
> Loin de ses bords chéris flotte sans l'oublier [2]...

On sait comment l'héroïque petit peuple, vendu par les Anglais à Ali-Pacha, préféra l'exil à la domination du despote de Tébélen, et quitta en masse sa patrie, après avoir exhumé et brûlé les os de ses morts. L'événement, qui eut un grand retentissement en Europe, se produisit le 10 mai 1819. — Enfin, dans le IIIe chant, Vigny a mis en scène une famille de juifs, réfugiés, après la prise d'Athènes par les Grecs, parmi les ruines de l'Acropole, dans une mosquée suspendue au coin du Parthénon :

> C'est là qu'une famille, encor d'effroi troublée,
> En cercles ténébreux s'était toute assemblée ;
> Autour d'un candélabre aux autels dérobé
> Ils comptaient l'amas d'or entre leurs mains tombé,

1. T. V, Paris, 1821, p. 185. Cet épisode devint tout à fait populaire en 1824, quand il eut été raconté à nouveau par l'infatigable Pouqueville dans son *Histoire de la régénération de la Grèce* (Paris, 1824, t. I, pp. 230 et 235, où les deux versions sont présentées côte à côte, comme deux épisodes différents), et après lui par Fauriel, dans les commentaires de ses *Chants populaires de la Grèce moderne* (T. I, Paris, 1824, p. 277). C'est après l'avoir lu dans ce dernier ouvrage que J.-J. Ampère le narra à Mme Récamier dans une lettre enthousiaste (*Correspondance et Souvenirs*, Paris, 1875, t. I, p. 315, lettre du 23 décembre 1824), et que Lamartine le fit passer dans le *Dernier chant du pèlerinage d'Harold*, 1825.

2. V. 395-398.

Les sabres de Damas que le soldat admire,
Et les habits moelleux tissus à Cachemire,
Les calices chrétiens, les colliers, les croissants,
Ces boucles, de l'oreille ornements innocents :
Car aux fils de Judas toute chose est permise,
Comme dans leurs trésors toute chose est admise [1].

L'idée de ce tableau serait-elle venue à l'esprit du poète, s'il n'avait eu dans la mémoire les récits, longuement détaillés par les journaux du temps, des massacres de Constantinople et d'Andrinople, des pillages qui les avaient accompagnés, et du rôle joué dans ces affaires par les juifs, qui trouvaient à glaner dans ces sanglantes bagarres [2] ? — Ce sont là des détails, dira-t-on, qui ne sont point indispensables au développement du poème, et que Vigny a pu intercaler dans son œuvre en la revoyant à la veille de la publication. Mais leur présence n'est-elle pas encore plus explicable, et ne fait-on pas l'économie d'une hypothèse, si l'on admet qu'*Héléna* n'a été composée qu'en 1821 ?

Reste un dernier argument. « Le bon sens, ajoute M. Dupuy, ne dit-il pas aussi que les ouvrages d'imagination où les Grecs se trouvent en lutte avec leurs oppresseurs n'ont pas attendu l'insurrection de 1821 pour se produire ? Les turqueries de lord Byron et ses élans lyriques sur la Grèce, si admirés à leur apparition, sont d'une date antérieure. La dernière de ses Orientales, et l'une des meilleures, semble-t-il, *le Siège de Corinthe*, fut publiée en 1816, et si l'on constate que le poème d'*Héléna* s'en inspire, à n'en pas douter, ce ne sera peut-être pas trop

1. V. 231-240.
2. Voir notamment le *Journal des Débats* des 13 juin, 20 juillet, 23 juillet et 5 décembre 1821. Je cite ces passages en note aux vers 222 et suiv. du chant III.

aventureux que de dire à propos du texte byronien : « Voilà l'événement qui suggéra à Vigny son ouvrage[1]. » Que Vigny, avant d'écrire *Héléna*, eût lu *le Siège de Corinthe*, et qu'il s'en soit inspiré, j'en suis aussi convaincu que M. Ernest Dupuy. Qu'il connût à ce moment les autres « turqueries » du poète anglais, qu'il eût admiré comme tant d'autres « ses élans lyriques sur la Grèce », cela ne fait aucun doute. Mais nous savons quelle était, à la veille même de l'explosion de 1821, l'opinion de lord Byron sur la possibilité d'une insurrection générale de la Grèce. Et en ce qui concerne *le Siège de Corinthe*, il faut avoir lu un peu rapidement cette « orientale », pour y voir un tableau de la lutte des Grecs contre leurs oppresseurs. Le poème de Byron développe un épisode de la rivalité des Vénitiens et des Ottomans en Morée, au début du XVIIIe siècle ; loin d'exalter le présent ou d'anticiper sur l'avenir, il nous reporte en 1715 ; les personnages qu'il met en scène, Minotti, le gouverneur de Corinthe, Francesca, sa fille, Alp, le renégat, qui commande l'avant-garde des troupes musulmanes, sont des Vénitiens ; le nom des Grecs n'est pas même prononcé. Ce n'est pas lui qui a donné à Vigny l'idée première d'*Héléna* : il lui en a seulement suggéré une des parties. Il entrait dans le sujet choisi par le poète français de dépeindre l'assaut de la prise d'Athènes par les Hellènes insurgés : à défaut de documents, il a été chercher son modèle dans la description de l'assaut et de la prise de Corinthe par les Turcs. Mais, pour cela, encore fallait-il qu'il connût le poème byronien ; et non seulement il avait lu celui-là, mais aussi *Childe*

1. Article cité, p. 375.

Harold, mais *le Corsaire*, *le Giaour*, dont on trouve dans *Héléna* des imitations littérales, et peut-être même le IIIe chant de *Don Juan*, qui n'a paru qu'en 1821 [1]. Même en laissant ce dernier de côté, on voit que Vigny aurait eu en mains et étudié de près les *Œuvres complètes* — à cette date — de lord Byron en 1816, c'est-à-dire à une époque où personne, pour ainsi dire, n'en avait entendu parler en France, où l'on peut compter sur les doigts ceux qui avaient lu le texte lui-même. La poésie byronienne n'a commencé à se répandre chez nous qu'à partir de 1818, lorsque la librairie Galigani eut publié à Paris une édition en anglais des œuvres du lord, quand Malte-Brun, dans le *Journal des Débats*, les eut analysées et louées avec un enthousiasme encore un peu timide, mais sincère. Sa grande vogue ne date que de l'apparition, en 1819-1820, de la traduction Pichot [2]. Dira-t-on que Vigny était en avance sur son temps ? En 1816, il était loin de penser à Byron et de chercher dans sa poésie les modèles de la sienne. Il commençait à se sentir la vocation littéraire, et, suivant le goût de l'époque, il débutait par des tragédies, « une tragédie de *Roland*, une de *Julien l'Apostat*, une d'*Antoine et Cléopâtre*, essayées, griffonnées, manquées par lui, raconte-t-il, de dix-huit à vingt ans [3] ». « Tout cela, dit-il encore en parlant de ces premiers essais de sa jeunesse,

1. Voir les rapprochements signalés dans l'annotation du poème, notamment : chant Ier, v. 1-60, 86-87 ; chant II, v. 47-52, 80, 177-179, 218, 223, 275, 376 ; chant III, v. 41-48, 49-58, 73-78, 93-112, 155 et suiv., 189 et suiv., 201-207.

2. Sur cette question voir Edmond Estève, *Byron et le romantisme français, essai sur la fortune et l'influence de l'œuvre de Byron en France* de 1812 à 1850, Paris, Hachette, 1907, ch. III, pp. 47 et suiv.

3. *Journal d'un Poète*, p. 29. Voyez aussi p. 63 : « J'étais lieutenant

était dans un goût qui se ressentait de ce qui avait été fait dans notre langue par les grands écrivains classiques[1]. » Le premier contact de Vigny avec le génie byronien, nous pouvons déterminer presque à coup sûr quand il a eu lieu. *Le Lycée français*, au mois d'août 1819, publiait une traduction de *Parisina* par Bruguière de Sorsum, et, coïncidence remarquable, c'est de 1819 que Vigny date sa *Femme adultère*, qui contient des réminiscences certaines du poème anglais. Un passage de la pièce reproduit presque textuellement la prose de Bruguière de Sorsum. L'initiation s'est continuée pendant l'année suivante, et, en décembre 1820, le jeune écrivain insérait dans le *Conservateur littéraire* un article sur *les Œuvres complètes de lord Biron (sic)* qui respire tout l'enthousiasme d'une découverte. De 1819 à 1826, il n'y a pas, ou peu s'en faut, un seul poème de Vigny qui ne porte à un degré plus ou moins sensible les traces de l'inspiration byronienne. On peut dire que c'est un des caractères généraux de sa première manière[2]. Je n'irai pas jusqu'à prétendre qu'on doive reporter avant 1819 ceux qui ne possèdent pas cette marque, mais il me paraît « aventureux » de situer plus en arrière ceux qui en sont revêtus. Ajoutez enfin que Vigny, bien qu'il eût appris l'anglais, n'était pas en état, en 1820, de déchiffrer tout seul le texte de Byron ; il le lisait en s'aidant de la traduction de Pichot. C'est à travers la prose de celui-ci que, dans *Héléna*, il imite le poète

dans la garde royale, en garnison à Versailles, en 1816, je crois, lorsque je fis une assez mauvaise tragédie de *Julien l'Apostat*. »

1. *Journal*, p. 237.

2. Sur cette question voyez *Byron et le romantisme français*, pp. 367-382.

anglais. Tel élégant *quadro* du IIe chant, — un clair de lune sur la mer de l'Archipel, — est pris textuellement à Byron, mais à Byron francisé par Pichot. La comparaison des trois textes en fournit la preuve[1]. Voilà ce que Vigny, avec la meilleure volonté du monde, n'aurait pu faire en 1816.

Tout concourt donc à démontrer que l'œuvre de Vigny, dans sa conception même comme dans le détail de son exécution, ne saurait remonter au delà de l'époque fixée par Sainte-Beuve. M. Dupuy lui-même finit par en convenir, — ou à peu près. « Qu'en 1822, dit-il, à la veille de l'impression, l'auteur des aventures singulières d'*Héléna* ait repris son récit pour raviver quelques couleurs et peut-être pour allonger ou étoffer sa trame, c'est explicable et excusable assurément ; mais il est bien permis de supposer aussi que le poème a été entrepris et en partie exécuté *deux ou trois ans plus tôt*. Pourquoi le supposer, quand nous avons le témoignage de Vigny[2] ? » Pourquoi le supposer, dirai-je à mon tour, si le témoignage sur lequel on s'appuie est contredit par les données que fournit le poème lui-même ? Admettre que Vigny a composé son poème, non plus en 1816, mais en 1819 ou en 1820, n'est-ce pas enlever à cette attestation toute sa valeur ? Supposer enfin que l'auteur a repris son œuvre en 1821 ou 1822, « pour en allonger et en étoffer la trame », n'est-ce pas avouer qu'on assignerait volontiers cette date à la composition première d'*Héléna*, si le *Journal* n'existait pas, et que le seul motif sur lequel on se fonde pour refuser son adhésion à Sainte-Beuve, c'est la répugnance

1. Voir la note aux vers 47-52 du IIe chant.
2. Article cité, p. 375.

à infliger un démenti à Alfred de Vigny ? J'ai déjà dit que cette raison ne me paraissait pas suffisante.

Elle le paraîtra moins encore si l'on considère l'intérêt que pouvait avoir Vigny à repousser la date de son poème à la période de ses premiers essais poétiques. On sait combien il s'est toujours montré susceptible et jaloux dans les questions de priorité littéraire. Aristocrate, délicat et secret, « le moins propre des hommes », comme ce Byron qu'il a tant aimé, « à faire bande avec les hommes [1] », il lui déplaisait d'être « de la suite », et il a tenu, en toute occasion, à marquer qu'il était venu le premier. Aurait-il volontiers rempli ce rôle de chef du romantisme français, que Victor Hugo assume de plus en plus après 1827 ? Je ne sais : il était bien froid et bien « supérieur », et s'il a peut-être pris ombrage de le voir tenu par son rival [2], il ne s'ensuit pas qu'il ait désiré pour lui-même d'en être investi. Mais il prétendait qu'on lui en réservât un autre qui convenait mieux à sa nature, celui de précurseur et d'initiateur. Dans la préface de 1829, il le revendique expressément. « Le seul mérite qu'on n'ait jamais disputé à ces compositions, c'est d'avoir devancé en France toutes celles de ce genre, dans lesquelles presque toujours une pensée philosophique est mise en scène sous une forme épique ou dramatique... Ces poèmes portent chacun leur date : cette date peut être à la fois un titre pour tous et une excuse pour plusieurs, car, dans cette

1. « The most unfit of men to herd with men. » (*Childe Harold*, III, 12.)

2. Voir sur ce point l'article de M. Ernest Dupuy, dans *la Jeunesse des Romantiques : Alfred de Vigny et Victor Hugo*, notamment pp. 253-254.

route d'innovations, l'auteur se mit en marche bien jeune, mais le premier. » Que, dans la pensée de Vigny, la date d'*Héléna* fût aussi un mérite — « le seul mérite » même, disait-il — pour son poème, nous en avons la preuve par la lettre à Paul Foucher [1]. L'auteur tient à spécifier que son œuvre est une des toutes premières manifestations du philhellénisme littéraire, au moins contemporaine des plus anciens ouvrages du même genre : *Ode aux Grecs* de Guiraud, *Epître sur l'insurrection des Grecs* de Gaspard de Pons, *Nouvelles Messéniennes* de Casimir Delavigne, parus en 1822 [2], — antérieure en tous cas à l'époque où l'intérêt pour les Hellènes était devenu une mode, c'est-à-dire à la période de 1821 à 1828 [3]. Cette date, reculée encore plus loin, ne pouvait-elle pas devenir aussi une « excuse » ? et n'y avait-il pas des raisons pour que Vigny s'efforçât, — instinctivement peut-être et sans qu'on puisse l'accuser, à proprement parler, de supercherie littéraire, — de rejeter au delà de 1821 et jusqu'aux

1. Voir le passage de cette lettre cité ci-dessus, p. XII.

2. Un journal romantique d'avant-garde, *le Réveil*, dans un article du 21 novembre 1822, intitulé : *Poésies sur la Grèce*, réunit les trois noms de Vigny, Guiraud et G. de Pons : « On retrouve dans l'*Héléna* de M. le comte A. de Vigny toute la variété de son talent, toute la richesse de sa poésie ; on y trouve, ce qu'on ne trouve pas aisément dans toutes les amplifications libérales sur les Grecs, une foule de passages empreints d'une haute et véritable inspiration... A côté de ces vers simples et grands comme l'Evangile, nous aimons à rappeler une *Ode aux Grecs* de M. Alexandre Guiraud, où sont évoqués tous les souvenirs profanes de la Grèce... Enfin un poète qui, ainsi que M. de Vigny, sert le roi de sa lyre et de son épée, M. le comte Gaspard de Pons, a publié une épître sur l'insurrection des Grecs qui annonce un talent fort et brillant. »

3. Sur le développement de la littérature philhellénique en France, voyez Eug. Asse, *l'Indépendance de la Grèce et les poètes de la Restauration*, dans *les Petits Romantiques*, Paris, Leclerc, 1900, pp. 89 et suiv.

extrêmes limites de sa jeunesse l'œuvre qu'il avait exclue du recueil définitif de ses poésies ? C'est précisément ce que nous allons voir en recherchant les motifs qui l'ont décidé à supprimer *Héléna*.

III

POUR QUELLES RAISONS VIGNY A-T-IL CONDAMNÉ SON POÈME ?

De ce retranchement, le *Journal d'un Poète* ne fournit qu'une explication : l'histoire d'Héléna est « une aventure souillée par le fond même du sujet ». Une jeune Grecque « a été *violée* par les soldats turcs [1] ». Le mot n'est pas prononcé au cours du poème, mais il doit fatalement venir à l'esprit du lecteur, puisqu'il est la clef de ce conte énigmatique, et Vigny craint, plus justement sans doute que l'Armande de Molière, l'« étrange image » qu'il suggère et « la vue » sur laquelle « il traîne la pensée ». On peut se demander si l'auteur de *la Colère de Samson* n'exagère pas un peu ici la pruderie. Il n'était pas toujours si... timoré. Il y a dans le théâtre de Corneille un cas qui n'est pas sans analogie avec celui de son héroïne. La chrétienne Théodore est condamnée par Valens à être exposée dans un lieu de débauche aux outrages de la soldatesque romaine. On sait quelles remarques, d'un goût plus que douteux, la situation de la jeune vierge inspire à Voltaire, et avec quelle insistance déplaisante, dans son *Commentaire*, il revient sans cesse à ce point [2]. Théodore, s'en

1. Voir ci-dessus, pp. VI et suiv., la citation du *Journal*.
2. Edition Beuchot, Paris, Lefèvre, 1829, t. XXXV, pp. 480 et suiv.

remettant à la Providence, refuse d'esquiver, au prix d'une apostasie, le risque odieux qu'on veut lui faire courir :

Quelles sont vos rigueurs, si vous les nommez grâce ?
Et quel choix voulez-vous qu'une chrétienne fasse,
Réduite à balancer son esprit agité
Entre l'idolâtrie et l'impudicité ?
Le choix est inutile où les maux sont extrêmes.
Reprenez votre grâce, ou choisissez vous-mêmes ;
Quiconque peut choisir consent à l'un des deux,
Et le consentement est seul lâche et honteux.
Dieu, tout juste et tout bon, qui lit dans nos pensées,
N'impute point de crime aux actions forcées.
Soit que vous contraigniez, pour vos dieux impuissants,
Mon corps à l'infamie, ou ma main à l'encens,
Je saurai conserver d'une âme résolue
A l'époux sans macule une épouse impollue [1].

Et Voltaire de se récrier : « Qui aurait jamais pu s'attendre à voir une âme résolue conserver une épouse impollue à l'époux sans macule ? Jusqu'à quel abaissement l'auteur est-il descendu ! Ce n'est pas seulement l'excès du ridicule qui étonne ici, c'est la résignation de cette bonne fille qui prend son parti d'aller dans un mauvais lieu s'abandonner à la canaille, et qui se console en songeant qu'elle n'y consentira pas [2]. » Vigny, en relisant Corneille dans les dernières années de sa vie, tombe sur cette note du commentateur, et il écrit en marge de son exemplaire : « Corneille est plus vrai et plus décent que Voltaire. Le corps seul est violé, l'âme est vierge [3]. »

1. *Théodore*, acte III, sc. I.
2. Ed. citée, p. 496.
3. Jacques Langlais, *Notes inédites d'Alfred de Vigny sur Pierre et Thomas Corneille*, dans la *Revue d'histoire littéraire de la France*, 1904, p. 471.

L'âme est vierge, mais c'est précisément le mot qu'il avait mis dans la bouche d'Héléna :

> Les cieux me sont ouverts, *mon âme est vierge encore !* [1]

Et c'est lui qui se montre, pour reprendre ses propres expressions, « aussi scrupuleux que l'auteur de *la Pucelle* [2] », et qui a honte d'avoir été aussi « vrai » et aussi « décent » que Corneille ?

Ce rapprochement, à mon sens, n'infirme pas absolument la raison avancée par Vigny ; peut-être la réduirait-il simplement à une certaine crainte du ridicule, faiblesse à coup sûr, mais faiblesse excusable. Il m'incline surtout à penser qu'on peut trouver d'autres motifs à l'exclusion d'*Héléna*. D'ailleurs, on s'y est essayé avant moi. M. de Lovenjoul suppose que le poème a été supprimé, entre autres causes, en raison de « son caractère politique [3] », et par suite, cela va sans dire, de son intérêt de circonstance. L'hypothèse a sa valeur. Elle se fonde sur la répugnance ordinaire de l'auteur d'*Eloa*, du *Déluge*, de *Moïse*, à traiter des sujets d'actualité, sur sa volonté évidente d'élever sa poésie au-dessus des contingences de l'espace et du temps. Cette répugnance s'exprime dans la note même qui sert d'introduction à *Héléna*. « Peu de mes ouvrages, déclare l'auteur, se rattacheront à des intérêts politiques. » Elle se manifeste avec plus d'éclat encore dans la préface de 1829, où Vigny revendique comme son domaine propre la poésie philosophique. Il est permis de croire que les idées et les jugements contenus dans une autre préface,

1. Chant III, v. 260.
2. Langlais, art. cité, même page.
3. *Les Lundis d'un chercheur*, p. 118.

celle des *Études françaises et étrangères* d'Émile Deschamps, publiées en 1828, — avaient encouragé le futur auteur des *Destinées* à prendre conscience de son génie. Or c'est justement entre l'apparition des *Études* de Deschamps et la réimpression des *Poèmes* que se place la lettre à Paul Foucher où Vigny semble faire assez bon marché d'*Héléna*. Mais il y avait parmi ses œuvres un autre poème d'ordre politique, et inspiré par les circonstances, *le Trappiste*, que non seulement l'auteur n'a point éliminé, mais dont il a pris soin de souligner, en l'annotant d'un extrait du *Moniteur* de 1822, le caractère d'actualité. Comment se fait-il que, retranchant l'un, il ait maintenu l'autre ? L'explication n'est pas décisive.

On pourra dire encore que l'exclusion d'*Héléna* a été motivée par l'infériorité du poème au point de vue littéraire [1]. Il est vrai que le style en est par endroits faible,

1. L'infériorité n'est certainement pas choquante par rapport aux autres pièces de Vigny qui sont contenues dans le même recueil. Pris en lui-même, le poème d'*Héléna* n'est pas sans valeur. Sainte-Beuve en faisait assez peu de cas ; mais d'autres critiques ou lecteurs ont regretté qu'Alfred de Vigny eût sacrifié une œuvre inégale sans doute, mais intéressante. « M. de Vigny avait un tel goût pour la perfection de l'art qu'il s'est jugé très sévèrement, trop peut-être ; il n'a point réimprimé de son vivant un poème fait sur la Grèce, appelé *Héléna*, quoiqu'il y eût de beaux passages. » (Auguste Barbier, *Souvenirs personnels*, Paris, 1883, p. 365.) — « *Héléna* méritait mieux que cet ostracisme, justifié peut-être aux yeux d'Alfred de Vigny par une certaine obscurité répandue dans le plan et dans les détails... Cette sévérité est regrettable, car il s'y trouve des parties bien traitées et tout à fait réussies. » (Vte de Lovenjoul, *les Lundis d'un chercheur*, p. 118.) — « En relisant aujourd'hui *Héléna*, on est disposé à être moins sévère pour elle que ne le fut son auteur. On ne peut s'empêcher de trouver qu'il juge son œuvre trop en Brutus littéraire, et que dans son *Journal* il a plutôt refait *Héléna* en parodie et en charge qu'il ne

pénible, même incorrect. La composition, au dire de Vigny, en était « vicieuse [1] ». Elle est tout au moins obscure, et le récit traîne. Même dans le camp romantique, et parmi les écrivains sympathiques à Vigny, on le lui fit remarquer. « La contexture de ce poème, écrivait Ancelot dans les *Annales de la littérature et des arts*, offre de graves défauts qui nuisent souvent à l'intérêt, car le cœur ne peut être ému quand la raison est blessée. La marche en est languissante, et, chose plus condamnable, les personnages ne disent pas toujours ce qu'ils doivent dire dans la position où les a placés l'auteur. Le troisième chant nous a paru le plus défectueux, et nous pensons que dans une seconde édition, qui ne peut manquer d'avoir lieu bientôt, M. de Vigny ferait sagement de resserrer l'action de son poème et de le réduire à deux chants [2]. » Vigny, qui supporta patiemment, non sans en faire son profit à l'occasion, les critiques autrement mordantes des tenants du classicisme, Thiessé ou

l'a jugée. » (Eugène Asse, *Alfred de Vigny et les éditions originales de ses poésies*, p. 10.) — « L'ambitieuse composition, manquée dans son ensemble, présente par fragments et à travers tous ses défauts des qualités de grâce ou d'harmonie. » (E. Dupuy, art. cité, p. 375.) — Rappelons pour finir l'éloge écrit vers 1860 par Gaspard de Pons de ce poème d'*Héléna* « qu'en père dénaturé il (Vigny) a fait disparaître plus tard des nouvelles éditions de ses ouvrages, et que moi sans doute je compte bien me permettre de faire réimprimer un jour, soit que je survive ou non à son auteur ; cette opposition des mœurs helléniques et ottomanes produisait sous sa plume des effets délicieux, bien qu'il prétende (à tort selon moi) que la composition, à laquelle il a toujours attaché le plus grand prix, était vicieuse dans ce poème, auquel, plus indulgent que lui, je ne reprocherais pour ma part que quelques incorrections de style. » (*Essais dramatiques*, Paris, 1861, t. I, p. 118.)

1. Rapporté par Gaspard de Pons. (V. la note précédente.)

2. 81e livraison, t. VII, 1822, pp. 73 et suiv.

Héreau [1], par exemple, aurait-il été blessé d'une épine égarée dans la gerbe de compliments que lui tendait un ami ? Entre 1822 et 1829, n'a-t-il pas eu le loisir de revoir et de corriger son œuvre ? N'en aurait-il pas eu le courage ou la patience ? Il a bien, en réimprimant ses *Poèmes*, supprimé cinquante vers de *la Femme adultère ;* il a revisé ligne à ligne et pour ainsi dire réécrit *la Neige* et *la Prison*, pour ne citer que ceux-là [2]. Et si réellement le compte rendu d'Ancelot, avec ses bénignes critiques, qui ressemblent plutôt à des conseils, l'avait touché au cœur, ne pouvait-il mettre en regard d'autres articles où l'éloge n'était accompagné d'aucune réserve, d'autres encore où il était comme relevé par les tempéraments discrets et pleins de promesses qu'y apportait le rédacteur ? J'ai déjà cité *le Réveil* [3]. *Le Moniteur universel* du 29 octobre 1822 consacrait aux « *Poèmes* de M. le comte Alfred de Vigny et aux *Odes et Poésies* de M. Victor Hugo » un article des plus flatteurs. Après avoir cité *in extenso Symétha*, le critique, qui doit être Emile Deschamps [4], ajoutait :

1. Voyez dans le *Mercure du XIXe siècle* (t. I. 1823, pp. 171 et suiv.) l'article de Léon Thiessé sur *les T·l lettles romantiques* ; dans la *Revue encyclopédique* (t XVII, 1823, p. 630) le compte rendu du même ouvrage par Héreau : « On voit que le *bon* est en majorité dans le recueil, mais il y a aussi du faible, de l *insignifiant* et du *mauvais* ; tels sont : *le Roi des Aulnes*, par M de Latouche ; l'*Apostat*, par M. de Saint Valry, et *la Neige*, ballade de M Alfred de Vigny, etc... » On trouvera, du même auteur, des jugements analogues dans les t. XXV, 1825, p. 205, et XXIX, 1826, p. 729, de la *Revue*

2. Je renvoie le lecteur à faire la comparaison, que je ne puis même esquisser ici, du texte définitif avec l'édition originale.

3. Voir ci-dessus, p. XXX.

4. On retrouve du moins dans ce passage le germe du jugement porté sur Vigny dans la préface des *Etudes françaises et étrangères* :

« C'est dans Théocrite et dans Virgile qu'il faut chercher le modèle d'une poésie aussi suave et aussi fraîche, dont nous n'avons d'exemples *en français* que dans quelques idylles d'André Chénier ; mais nous chercherions en vain dans toute notre littérature le type de compositions telles qu'*Héléna, le Somnambule, la Prison* surtout. Ce sont les grands effets du drame jetés au milieu d'une poésie descriptive toute nouvelle, dont les tableaux sont comme de belles décorations immobiles autour des personnages agissants. Cependant la plupart des poèmes de M. de Vigny ont à peine trois cents vers : c'est qu'il aura senti, comme lord Byron, que la poésie moderne doit être *courte* pour produire un enchantement sans fatigue. » Il concluait ainsi : « On a fait de pompeux éloges ou des critiques acerbes de ces deux recueils : c'est le sort des talents d'un ordre supérieur. MM. de Vigny et Hugo doivent se glorifier des uns et profiter des autres. Ils ont tout ce qui ne s'acquiert pas, et ils acquéreront (*sic*) facilement ce qui leur manque. Ils pèchent quelquefois contre les routines de notre versification, jamais contre la poésie ; si dans quelques endroits de leurs livres les grâces du rudiment paraissent un peu négligées, c'est que peut-être il eût fallu leur sacrifier l'élégance d'une ellipse ou le pittoresque d'une expression. Toutefois, ils doivent veiller à ce que dans leurs vers la hardiesse ne dégénère pas en témérité, ni le naturel en négligence, et pour cela ils n'ont qu'à

« M. Alfred de Vigny, un des premiers, a senti que la vieille épopée était devenue presque impossible... A l'exemple de lord Byron, il a su renfermer la poésie épique dans des compositions d'une moyenne étendue et toutes inventées ; il a su être grand sans être long. » (1e éd., 1829, p. XIII.)

faire toujours comme ils ont fait si souvent. » Les poètes que, vers 1822, Vigny considérait comme ses pairs, Guiraud, Hugo, cherchaient des épigraphes dans son ouvrage [1]. Un autre dédiait « au chantre d'*Héléna* » un poème sur Missolonghi [2]. En 1826, une de ces jeunes recrues que les générations nouvelles amenaient d'année en année au romantisme, Brizeux, faisait d'*Héléna* le plus vif éloge ; il qualifiait ce poème de « composition ravissante » ; il félicitait Vigny d'avoir accueilli une inspiration si favorable à son talent. « Nul sujet n'allait mieux à l'allure douce et brillante de sa muse : mœurs, religion, beauté des sites, mélodie des noms, souvenirs antiques ou héroïsme moderne... Dites si aucun de ces jeunes poètes qui depuis ont tant fait résonner le nom des Hellènes, sans même en excepter M. Lebrun, a mis plus de vérité dans la peinture des lieux, plus de couleur dans les détails [3]... » Ces louanges étaient encore toutes récentes quand, en 1829, Vigny supprima purement et simplement son poème. On admire cette inflexible sévérité d'un poète à l'égard de lui-même, mais on se demande si elle

1. Hugo a donné comme épigraphe à l'une de ses premières *Odes* (1822) : *Regret*, le couplet sur l'amour qui se trouve au début du IIe chant d'*Héléna* (v. 15-28), et Guiraud à son *Ode aux Grecs*, quand il la recueillit en 1824 dans ses *Poèmes et Chants élégiaques*, les vers 434-443 du même chant.

2. Gaspard de Pons, *Missolonghi, au chantre d'*Héléna (*Mercure du XIXe siècle*, t. XIII, 1826, p. 381), avec cette « note du poète » : « M. le comte Alfred de Vigny, qui, en chantant les misères de la Grèce régénérée, avait bien senti que parmi tant de sanglants désastres il était impossible de rien trouver d'aussi pathétique que le déshonneur d'une jeune vierge. »

3. *Mercure du XIXe siècle*, t. XXV, 1829, p. 183, dans un article sur *Héléna* et les *Poèmes*, signé A. Bx.

n'a pas été poussée à l'extrême rigueur chez l'auteur l'*Héléna* par la conscience d'avoir franchi les limites au delà desquelles l'imitation devient, je ne dirai pas un plagiat, mais un pastiche dont un esprit ambitieux d'originalité, et croyant avoir fait preuve de maîtrise, s'efforce d'effacer jusqu'au souvenir.

Les critiques contemporains avaient trouvé dès la première heure au style du poème une parenté évidente, — ressemblance voulue ou air de famille, — avec la manière d'André Chénier. Je m'étonne qu'ils n'aient pas relevé dans la composition de Vigny maintes réminiscences et imitations textuelles de Chateaubriand et de Byron, dont les œuvres étaient alors dans toutes les mémoires. C'est là pourtant qu'il faut voir, sans aucun doute, la cause déterminante du retranchement d'*Héléna*. Vigny fit de son poème néo-grec, et pour la même raison, ce qu'il avait fait des tragédies classiques qu'il « griffonnait » en 1816 : il le mit au rebut. On objectera que bien des fois, et dans ses meilleurs ouvrages, il lui est arrivé de copier trop exactement ses modèles. Sans aller chercher bien loin des exemples qu'on pourrait facilement multiplier, on rappellera qu'un des morceaux de bravoure intercalés dans *Eloa*, la comparaison du colibri, est un élégant travail de marqueterie exécuté avec les fragments d'une page d'*Atala* [1]. Mais ici il ne s'agit pas d'une période ou d'un couplet poétique. L'ouvrage tout entier, dans son développement général et dans les détails de sa forme, porte une marque étrangère. On peut dire qu'il

1. Sainte-Beuve a fait le rapprochement dans son article de 1864. — Voyez encore, sur les procédés d'imitation de Vigny, E. Dupuy, article cité, et mon étude sur *Byron et le romantisme français*, ch. IX.

est en grande partie un centon de Byron et de Chateaubriand. L'auteur ne cesse de prendre à l'un que pour emprunter à l'autre, quand il ne se souvient pas à la fois de tous les deux. C'est ce qu'une brève étude de la composition et du style d'*Héléna* fera clairement ressortir.

IV

LA COMPOSITION « D'HÉLÉNA ».

Si l'on admet, — comme je crois l'avoir établi, — que l'œuvre de Vigny n'a été conçue et écrite qu'en 1821, c'est dans les événements contemporains, tels que les journaux les livraient quotidiennement à la curiosité publique, qu'il faut chercher, sinon le sujet même d'*Héléna*, du moins le point de départ et comme la cause occasionnelle du poème. Ce fait initial une fois trouvé, on verra sans peine comment les éléments de la composition se sont groupés et disposés tout autour.

Les gazettes de 1814 et de 1815 étaient encombrées de l'énumération des malheureuses Françaises « cosaquées ». Celles de 1821 relatent à maintes reprises les atrocités commises par les Turcs, parmi lesquelles les violences exercées sur les femmes, les jeunes filles et les enfants grecs [1]. De ces récits, un surtout a fait impression sur les lecteurs, celui des massacres de Constantinople. Le jour de Pâques, le patriarche Grégoire fut arrêté à l'issue de

1. Voir le *Journal des Débats* des 25 mai, 2, 4, 13, 18, 26 juin, 2, 15, 20, 23 juillet, etc.

la messe, et pendu à la porte de son église. Son cadavre, abandonné à la populace, fut traîné par les rues et jeté à la mer. Cette exécution donna le signal de scènes ignominieuses qui se continuèrent pendant les semaines suivantes. Le *Journal des Débats* du 31 juillet les rapporte en ces termes : « On a aussi des nouvelles de Constantinople du 21 juin qui peignent l'état des choses sous les couleurs les plus sombres. La destruction de la flotte avait exaspéré le sultan et le peuple ; les maisons des Grecs furent toutes livrées au pillage, et les juifs servaient d'espions et de guides à la populace. Les femmes et les enfants furent assassinés ou emmenés en esclavage... Cent cinquante vierges grecques, dont les parents étaient déjà assassinés, et qui étaient issues des premières familles grecques (il y avait parmi elles deux princesses Morusi et une princesse Maurojène, nièce du chargé d'affaires de la Porte à Vienne, rappelé depuis peu), furent abandonnées à la brutalité des Turcs en plein bazar, moyennant un écu. La plupart de ces filles malheureuses périrent à la suite de cet affreux traitement. » De tant d'infortunées, victimes à Constantinople ou ailleurs de la luxure musulmane, le poète a voulu qu'une au moins n'eût pas péri sans vengeance, et qu'en cherchant dans la mort l'oubli d'une souillure involontaire, elle y entraînât avec elle les misérables qui la lui avaient infligée. De l'aveu de Vigny, le fond de son poème est là.

Cette aventure, émouvante en elle-même, offrait un sens symbolique qui n'était pas pour déplaire à l'âme méditative d'Alfred de Vigny. Héléna est une martyre de l'honneur féminin. C'est aussi la Grèce, profanée par la barbarie musulmane, qui se venge et se purifie par de sanglantes hécatombes. Et l'on s'explique que Vigny ait choisi une Athénienne pour son héroïne. Non seulement l'attention était attirée sur la glorieuse cité par les premières péripéties de la guerre, mais, pour un occidental imbu des traditions de l'antiquité hellénique, Athènes est la capitale historique et le cœur de la Grèce, la patrie de ses souvenirs, le lieu idéal vers lequel se tourne invinciblement son imagination. Comment mieux célébrer l'affranchissement inespéré de l'Hellade qu'en chantant la délivrance d'Athènes ?

Le poète avait ainsi les premiers éléments d'un récit dramatique. Il lui restait à dessiner le caractère du personnage principal et à trouver le dénouement. Sur l'un et l'autre point, il s'inspira de Byron. Depuis deux ans qu'il lisait et relisait les poèmes du grand Anglais, il y avait vu « toujours un personnage fatigué de la vie, et tourmenté par le désespoir profond que le sentiment d'une peine secrète et méritée ou qu'un remords criminel gravent seuls dans le cœur [1] ». Il donna à son Héléna quelque chose de la physionomie morale et de l'allure de ces sombres héros. Il se la représenta victime comme eux de la fatalité, comme eux belle, farouche et mystérieuse ; si elle ne fut pas comme eux criminelle, elle fut comme eux dévorée de remords, comme eux détachée de la vie et vouée à une fin tragique et prématurée. Comment mourrait-elle ? et puisqu'elle ne devait pas mourir sans vengeance, comment serait-elle vengée ? Vigny se souvint de l'épisode par lequel se termine *le Siège de Corinthe*. La

1. A. de Vigny, article sur *les Œuvres complètes de lord Byron*, dans *le Conservateur littéraire*, XXVIe livraison, décembre 1820, t. III, pp. 212-216.

ville est mise à sac. Les derniers survivants, parmi lesquels le gouverneur Minotti et sa fille Francesca, se sont réfugiés au fond de l'église, autour de l'autel. Alp et les Turcs les y poursuivent. Mais les caveaux sont remplis de poudre ; Minotti secoue sa torche ; l'édifice saute, dispersant dans les airs vainqueurs et vaincus. — Héléna est rentrée dans Athènes à la tête des Grecs victorieux. Les Turcs, pourchassés de toutes parts, ont trouvé un asile dans l'église. On en force les portes ; on y met le feu. Héléna s'élance au milieu des flammes ; elle rejoint ceux qu'elle appelle « ses époux [1] » et périt avec eux. Les rôles sont renversés, mais la catastrophe est la même, et, pour la peindre, le poète a demandé à la lecture de Byron le secours dont son imagination avait besoin.

Mais dans le choix de son sujet Vigny n'a pas été uniquement séduit par le côté tragique. S'il admirait dans les poèmes de Byron « le choc des passions rendu par des expressions de flamme », il y goûtait aussi « la peinture fidèle et élégante des lieux et des époques ». « *La Fiancée d'Abydos*, disait-il, étale toute la grâce des mœurs asiatiques, toute la patience servile des Grecs opposée à la cruauté infatigable des Musulmans. De temps à autre il (Byron) réveille des souvenirs de la Grèce antique [2]. » Voilà en deux phrases toute la poétique qui a présidé à la composition d'*Héléna*. La « patience servile des Grecs », la légèreté et l'insouciance qui leur faisaient accepter

1. . . . . « Je meurs ici ! »
— « Sans ton époux », dit-il. — « Mes époux ? les voici !
Je meurs vengée !... »
(Ch. III, v. 197-199.)

2. A. de Vigny, article cité du *Conservateur littéraire*.

gaiement la servitude, ont fait place à l'esprit de révolte et à l'amour héroïque de l'indépendance. Mais le tableau de cet « esclavage souriant » de la Grèce pourra servir d'introduction au poème. Le IIe chant de *Childe Harold* en fournira le dessin et les couleurs. La « grâce des mœurs asiatiques » ou tout au moins orientales y sera peinte. La « cruauté infatigable des Musulmans », c'est la donnée même du poème. Au surplus, pour donner une idée du fanatisme guerrier des Turcs, Vigny ne se cachera pas d'avoir eu recours au *Coran* [1]. Reste à « réveiller les souvenirs de la Grèce antique ». Le jeune poète en a la tête pleine, à force d'avoir lu et relu *les Martyrs*. Au besoin il feuillettera le *Voyage du jeune Anacharsis* [2]. Mais comment les faire entrer dans son poème ? Chateaubriand suggère l'artifice indispensable. Justement il est grand bruit en 1821 des corsaires de l'Archipel et de leurs courses aventureuses. Le fiancé d'Héléna, conduisant une flottille de ces hardis marins, partira de Chio pour aller au secours d'Athènes. Une barque échappée du Pirée amènera la jeune fille à sa rencontre, et les deux amants réunis feront à travers les Cyclades le voyage poétique qu'Eudore, que Cymodocée, que Chateaubriand en personne, avaient fait avant eux. Il est impossible de ne pas reconnaître dans le second chant d'*Héléna* la paraphrase de cette page poétique et brillante du livre IV des *Martyrs* : « Nous parcourûmes cet archipel de la Grèce, où l'aménité des rivages, l'éclat de la lumière, la douceur et les parfums de l'air le disputent au charme des noms et des

1. Voir les notes mises par Vigny aux vers 55, 62, 72, 80 du IIIe chant.

2. Voir la note relative aux vers 239-248 du IIe chant.

souvenirs. Nous vîmes tous ces promontoires marqués par des temples ou des tombeaux. Nous touchâmes à différents ports ; nous admirâmes ces cités, dont quelques-unes portent le nom d'une fleur brillante, comme la rose, la violette, l'hyacinthe, et qui, chargées de leurs peuples ainsi que d'une semence féconde, s'épanouissent au bord de la mer, sous les rayons du soleil. Quoiqu'à peine sorti de l'enfance, mon imagination était vive et mon cœur déjà susceptible d'émotions profondes. Il y avait sur notre vaisseau un Grec enthousiaste de sa patrie, comme tous les Grecs. Il me nommait les lieux que je voyais : « Orphée entraîna les chênes de cette forêt au son de sa lyre ; cette montagne, dont l'ombre s'étend si loin, avait dû servir de statue à Alexandre ; cette autre montagne est l'Olympe, et son vallon, le vallon de Tempé ; voilà Délos, qui fut flottante au milieu des eaux ; voilà Naxos, où Ariane fut abandonnée ; Cécrops descendit sur cette rive ; Platon enseigna sur la pointe de ce cap ; Démosthène harangua ces vagues ; Phryné se baignait dans ces flots lorsqu'on la prit pour Vénus ! Et cette patrie des dieux, des arts et de la beauté, s'écriait l'Athénien en versant des pleurs de rage, est en proie aux barbares [1] ! » Mais Vigny a partagé les rôles. C'est Mora qui évoquera les glorieux souvenirs de la Grèce antique :

> O regarde, Héléna ! que ta tête affligée
> Se soulève un moment pour voir la mer Égée :
> O respirons cet air ! c'est l'air de nos aïeux,
> L'air de la liberté qui fait les demi-dieux :
> La rose et le laurier qui l'embaument sans cesse
> De victoire et de paix lui portent la promesse,

1. *Œuvres complètes*, éd. Garnier, Paris, t. IV, 1859, pp. 57-58.

Et ces beaux champs captifs qui nous sont destinés
Ont encor dans leur sein des germes fortunés :
Le soleil affranchi va tous les faire éclore.
Vois ces îles : c'étaient les corbeilles de Flore...
Les villes de ces bords avaient des noms de fleurs [1].
. . . .
Eh quoi ! derrière nous vois-tu pas, mon amie,
Telle qu'une sirène en ses flots endormie,
Lesbos au blanc rivage, où l'on dit qu'autrefois
Les premiers chants humains mesurèrent les voix ?
Une vague y jeta comme un divin trophée
La tête harmonieuse et la lyre d'Orphée [2]...
. . . .
Bientôt nous abordons : ne vois-tu pas déjà
La flottante Délos, qu'Apollon protégea ?
Paros au marbre pur, sous le ciseau docile ?
Scyros où bel enfant se travestit Achille ?
Vers le nord, c'est Zéa qui s'élève à nos yeux ;
Vois l'Attique : à présent reconnais-tu tes cieux [3] ?

Mais c'est Héléna qui, inspirée de Chateaubriand et de Byron, déplorera le sort de la belle et malheureuse contrée, et, plus heureuse que le Grec des *Martyrs*, chantera son réveil :

Regardez, c'est la Grèce ! ô regardez, c'est elle !
Salut, reine des Arts ! Salut, Grèce immortelle [4] !
. . . .
O fils des héros d'Homère,
Des temps vous êtes exclus ;
Telle n'est plus votre mère,
Et vos pères ne sont plus.
Chez nous l'Asie indolente
S'endort superbe et sanglante ;

1. Chant II, v. 197-208.
2. Chant II, v. 237-242.
3. Chant II. v. 259-264.
4. Chant II. v. 349-350.

Et tranquilles sous ses yeux,
Les esclaves de l'esclave
Regardent la mer qui lave
L'urne vide des aïeux [1].

. . . .

Voyez-vous sur les monts ces feux patriotiques
S'agiter aux sommets de leurs croupes antiques ?
Et Colone, et l'Hymète, et le Pœcile altier
Que l'olivier brûlant éclaire tout entier ?
Comme aux fils de Léda, la flamme est sur leur tête ;
Les Grecs les ont parés pour quelque grande fête :
C'est celle de la Grèce et de la liberté [2]...

Tel est, dans ses grandes lignes, le plan d'*Héléna*. On voit tout ce que Vigny doit aux maîtres qu'il a imités. La disposition extérieure et, si l'on peut dire, la coupe de son œuvre accuse encore la ressemblance avec l'auteur du *Corsaire* et du *Giaour*. Depuis la vogue des poèmes de Byron, la composition décousue et fragmentaire est à la mode. Lamartine, dans *la Mort de Socrate*, se glorifiera de l'avoir employée [3]. Mais avant lui Vigny en a trouvé le secret. *Héléna* est écrite en couplets indépendants les uns des autres, dont la longueur varie suivant le gré et le

1. Chant II, v. 369-378.

2. Chant II, v. 418-424.

3. « Ce fragment est imprimé comme il a été écrit par l'auteur, dans une forme inusitée, par couplets d'inégale longueur ; après chaque couplet, nous avons placé un fleuron qui indique la suspension du sens, et l'auteur passe souvent, sans autre transition, d'une idée à une autre. » (Avertissement de *la Mort de Socrate*.) Que Lamartine imitât Byron en ce point, la *Correspondance* en fait foi : « En ce moment je fais une chose que je méditais depuis six ans : un chant sur la mort de notre ami Socrate... Cela aura 5 ou 6000 vers. C'est coupé par couplets comme Byron. Je crois qu'il n'y a pas moyen de soutenir l'épique autrement. » (T. II, p. 238, lettre à Virieu du 15 février 1823.)

souffle du poète. Il y a même quelque chose de la brusquerie ordinaire à Byron dans la manière d'attaquer certains de ces couplets. « Quel est ce cavalier qui accourt à toute bride ?... » « Comment nommez-vous le caloyer que j'aperçois dans ce sentier solitaire [1] ?... » De même dans *Hélèna :*

Ecoutez, écoutez cette cloche isolée [2]...
. . . .
Belle Scio, la nuit cache ta blanche ville [3]. .
. . . .
Aux armes, fils d'Ottman, car de sa voix roulante
Le tambour vous rappelle à la tâche sanglante [4]...

La division en trois chants, distingués par un titre spécial : *L'Autel.* — *Le Vaisseau.* — *L'Urne*, semble un procédé emprunté à Chateaubriand, qui lui-même en avait pris l'idée aux poèmes homériques [5]. Mais il est encore dans la manière byronienne de coudre au début d'un chant quelque brillante tirade qui ne se rattache que lâchement au sujet, *purpureus pannus*, morceau de bravoure où la verve du poète se donne carrière : tels le couplet sur la puissance de l'amour, qui ouvre le IIe chant,

1. Voir *le Giaour*, trad. Pichot, 2e éd., 1820, t. II, pp. 12 et 31.
2. Chant I, v. 65.
3. Chant II, v. 29.
4. Chant III, v. 1-2.
5. « J'ai donné à ce petit ouvrage les formes les plus antiques : il est divisé en *prologue*, *récit* et *épilogue*. Les principales parties du récit prennent une dénomination, comme *les Chasseurs*, *les Laboureurs*, etc. ; et c'était ainsi que, dans les premiers siècles de la Grèce, les rhapsodes chantaient, sous divers titres, les fragments de *l'Iliade* et de *l'Odyssée*. » (Préface d'*Atala*, *Œuvres complètes*, éd. Garnier, t. III, 1859, p. 3.)

et celui sur les âmes sœurs qui succède au premier sans précisément lui faire suite. On s'en passerait facilement, et on n'aurait pas à regretter que l'auteur en eût allégé sa composition, s'ils n'étaient, le second tout au moins, parmi les mieux venus, et peut-être les plus originaux de l'ouvrage. Si l'on est en peine de leur raison d'être, qui ne ressort pas nettement du plan du poème, qu'on relise les « ouvertures » du même genre qui se trouvent au début du *Giaour*, par exemple, ou du second chant de *Lara*. Ainsi, pour ce qui est de sa contexture et de sa forme générale, le poème de Vigny oscille de l'imitation de Chateaubriand à celle de Byron. Il en va de même dans le détail du style, comme il est aisé de le faire voir.

V

LE STYLE D'« HÉLÉNA ».

L'impression générale que donne le style d'*Héléna*, c'est qu'il est très mêlé et très inégal. A côté de gaucheries qui vont de la cacophonie à l'incorrection [1], et de l'obscurité à l'amphigouri [2], on y trouve des passages

1. On voyait dans leurs jeux Ariane abusée
Conduire en des détours quelque jeune Thésée.
I, 38-39.

Ils regrettaient, dit-on, la liberté chérie,
Car on surprit souvent le nom seul de patrie
Sortir avec éclat du sein de leur propos.
I, 49-51.

2. Elle n'implorait point une indigne pitié,
Mais, fière, elle semblait chercher dans sa pensée
Ce qui vengerait mieux une femme offensée,

heureusement traités et des vers sortis de plein jet. Des développements prosaïques et traînants encadrent des comparaisons soigneusement cherchées et développées avec art. Des formes surannées alternent avec des tours d'un goût moderne, et qui s'applique à l'être. Toutes les lectures que Vigny a faites depuis quinze ans ont laissé là leur trace ou leur reflet.

Le fond de ce style est classique, ou pseudo-classique. En feuilletant les trois chants d'*Héléna*, on peut saluer au passage la plupart des « beautés » chères à la poésie de l'époque impériale. Veut-on de la mythologie ? Voici Achille, Diomède, les fils de Léda, « jumeaux radieux des nuits » ; un volcan en éruption « renouvelle le Styx pour les tremblantes plaines », et, sur le blanc rivage de Lesbos, ce n'est pas le rossignol, mais « Philomèle » qui « gémit [1] ». Des abstractions ou des objets personnifiés ? La Douleur, la Mort et la Vengeance sont là, pourvues des majuscules convenables ; la Force et le Génie « couronnent le front » de la Grèce ; « la pudeur tremblante » des compagnes d'Héléna « fuit dans les montagnes » et « la froide fureur » de Mora « frappe en souriant de dédain et d'horreur [2] ». L'or « marchande la tête » des Grecs ; les flambeaux « retournent aux vaisseaux » ; le sable de la mer « montre son flanc doré » ; « les fers indignés » des chevaux « glissent au sang des morts »,

Et demander au Dieu d'amour et de douleur
Des forces pour lutter contre elle et le malheur.
(II, 133-136.)

Leurs bras rassasiés, désœuvrés de martyrs,
Arrachaient en passant quelques derniers soupirs
(III, 153-154.)

1. I, 23, 391, 399, 422 ; II, 245 ; III, 151.
2. I, 343-344, 353, 408 ; III, 129-130.

Et le tocsin hâtif, d'une corde rebelle,
Sonne la liberté du haut de la chapelle [1].

Goûte-t-on les figures savantes ? « La main » de Mora prétend « ressaisir ses droits » sur la main d'Héléna ; « les pieds » des matelots « fuient la rive » ; « les yeux » de la Grèce « demandent leurs chemins vers leurs anciens lauriers » ; Héléna regrette de n'avoir pu « admirer d'un pas libre » les portiques athéniens, et elle invoque pour sa patrie « les secours belliqueux » des nations étrangères ; les « fils d'Ottman » s'apprêtent à confondre « les crânes révoltés » des Grecs aux cendres de leurs aïeux ; l'huile bouillonnante et le plomb ruisselant que jettent les chrétiens du haut des remparts

Répandent aux turbans que choisissent leurs haines
Des maux avant-coureurs des éternelles peines [2].

Préfère-t-on les métaphores consacrées par un long usage On s'attend bien qu'Héléna aura « des épaules de lis [3] ». Les périphrases ? Dieu est « l'arbitre des batailles » ; « l'écarlate s'arrondit sur le front des Grecs » ; une torche se nomme « une cire enflammée » ; un marais, « une retraite humide » ; des bœufs, « un troupeau laboureur », et les parures des Athéniennes sont ingénieusement définies

Ces boucles, de l'oreille ornements innocents [4].

Des antithèses agréablement balancées ?

1. I, 161 ; II, 91 ; I, 89 ; III, 16 ; I, 93-94.
2. II, 63 ; I, 109 ; II, 278, 132, 135 ; III, 7, 137-140.
3. II, 128.
4. I, 98 ; I, 71, 77 ; III, 108, 109, 238.

> Le dur marin sourit à la faible beauté [1].

Des constructions élégamment contournées ? Mora « plie sous sa loi les corsaires domptés », et « apprend à leurs vaisseaux des flots inusités » ; « l'humide poids des ondes entraîne aux pieds » d'Héléna le voile qui couvre sa tête [2]. Les inversions ne se comptent pas :

> D'armes et de guerriers un éclatant amas...
> Scyros où bel enfant se travestit Achille...
> Solitaire au rivage un des Grecs se trouvait, etc. [3].

Les « clichés » classiques se placent d'eux-mêmes sous la plume du poète. Son héros « distille son fiel » ; les Grecs sont « pleins d'un sombre transport » ; la nuit « avec eux monte d'intelligence » ; Mora exhorte sa fiancée à « user d'un temps sacré propice à leurs discours », et, pour peindre un départ précipité, il n'est tel qu'un heureux effet d'harmonie imitative :

> On s'assemble, on s'excite, on s'arme, on est armé [4].

Parfois pourtant on rencontre des images vives et précises, qui révèlent une faculté personnelle de voir et de sentir. L'auteur sait évoquer en quelques mots sobres et justes « les feux blancs des rapides éclairs », « des navires penchés volant sur l'eau dorée », un regard qui « s'allume comme une double étoile », la lune qui sur les murs et sur les toits « promène l'or de ses feux amis », une mosquée qui

1. II, 517.
2. II, 83-84, 126.
3. I, 88 ; II, 232, 36.
4. III, 277 ; I, 67, 70 ; II, 148 ; I, 95.

« cache son front blanc » au coin du Parthénon en ruines [1]. S'il fait retentir « l'airain qu'emplit la poudre », il fait aussi « gronder le canon [2] ». Il a des expressions un peu maniérées, — Vigny n'a jamais été simple, — mais originales et suggestives pour montrer un prêtre centenaire « courbé sous le poids de ses blanches années », et « reparaissant tel qu'un siècle évoqué », ou le monde tourné vers la Grèce déchue et « amoureux de sa pourpre en lambeaux » [3]. Mais il réserve pour les passages à effet les ressources de son imagination et les nouveautés de son style, et, dans la trame du récit, il se contente trop facilement de la langue poétique qui, vers 1820, commençait à paraître aux mieux doués des poètes novateurs déplorablement insuffisante.

Il en avait puisé les éléments dans les œuvres de la fin du XVIIIe siècle et de l'époque impériale. Il a fréquenté Delille et Le Brun, Baour-Lormian et Fontanes, et on ne s'en aperçoit que trop. Il a aussi lu avec attention Corneille et Racine. Tel vers d'*Héléna* fait penser à *Phèdre* ; tel autre ne s'entend bien que rapproché d'un vers d'*Athalie* [4]. La tirade finale du IIIe chant est toute cornélienne d'inspiration et de style :

Dans ce vase de mort teint d'une antique rouille,
On ne versa jamais plus lugubre dépouille.
Tant de malheurs dedans, et tant de pleurs dehors,
N'ont jamais affligé ses funéraires bords.
. . . .
Il faut pleurer sa mort sans regretter sa vie.

1. I, 195 ; II, 177, 329 ; III, 218, 230.
2. I, 89 ; III, 3.
3. I, 126-128 ; II, 351.
4. II, 253 ; I, 150.

Et si ces restes froids cédaient à mon amour,
J'hésiterais peut-être à lui rendre le jour.
Malheur ! je ne puis rien vouloir en assurance,
Et dédaigne le bien qui fut mon espérance !
Héléna, nous n'aurions qu'un amour sans honneur :
Vas, j'aime mieux ta cendre encor qu'un tel bonheur [1].

Le poète remonte parfois jusqu'à Homère. « Le vent conducteur » qu'invoque *Héléna*, c'est l'οὔριος ἄνεμος qui gonfle les voiles d'Ulysse quand Poseidon ne déchaîne pas contre lui la tempête [2]. Il est visible que la Bible lui est familière ; le discours qu'il prête à son vieux caloyer est composé avec des versets des *Psaumes* [3]. A l'occasion il emprunte un tour à Lamartine [4], un mouvement à Millevoye [5]. On sent qu'il a étudié de près André Chénier. Quand il peint les Grecs

Oubliant l'esclavage auprès de leurs maîtresses
Qui de leurs blonds cheveux nouaient les longues tresses
Avec le laurier rose, et de mœlleux filets,
Et des médailles d'or, et de saints chapelets [6],

cette répétition des « et », cette chute de phrase d'une harmonie un peu traînante et molle, reproduisent un procédé favori de l'auteur des *Bucoliques*. Le tableau de l'église incendiée rappelle, sinon par les détails, du moins par le dessin général et la coupe de la phrase, le combat des Centaures et des Lapithes :

1. III, 251-254, 284-290. Voir la note au vers 247.
2. II, 270.
3. V[illegible] I, 135-186, et les notes.
4. I, 157.
5. I, 190-191.
6. I, 33-36.

On entendait au fond de l'église en tumulte
Des hurlements, des cris de femmes, et l'insulte,
Et le bruit de la poudre et du fer.
(*Héléna*, III, 175-178.)

Et le bois porte au loin des hurlements de femme,
L'ongle frappant la terre, et les guerriers meurtris,
Et les vases brisés, et l'injure, et les cris.
(*L'Aveugle*, 254-256.)

Et plus loin :

Et le clocher, les murs, les marbres renversés,
Les vitraux en éclats, les lambris dispersés,
Et les portes de fer et les châsses antiques,
Et les lampes, dont l'or surchargeait les portiques,
Tombent : et dans sa chute ardente, leur grand poids
De cette foule écrase et la vie et la voix.
(*Héléna*, III, 201-206.)

Le quadrupède Hélops fuit : l'agile Crantor,
Le bras levé, l'atteint ; Eurynome l'arrête,
D'un érable noueux il va fendre sa tête,
Lorsque le fils d'Égée, invincible, sanglant,
L'aperçoit, à l'autel prend un chêne brûlant,
Sur sa croupe indomptée, avec un cri terrible,
S'élance, va saisir sa chevelure horrible,
L'entraîne, et quand sa bouche, ouverte avec effort,
Crie, il y plonge ensemble et la vie et la mort.
(*L'Aveugle*, 244-251.)

On le voit : à l'exemple de Chénier, Vigny s'exerce à rompre la fastidieuse uniformité de la période poétique, à multiplier les césures savantes, à pratiquer le rejet artistique et l'enjambement à effet. Il a pris de lui des leçons de métrique. Ceci est du nouveau. Une autre nouveauté, c'est la recherche de la couleur, sensible dans tout le poème. Ici Vigny a recouru à d'autres sources, et on les devine déjà.

Depuis Chateaubriand, le pittoresque est devenu un des éléments essentiels du style poétique. *Atala* a révélé aux écrivains français un art de peindre la nature qui laisse loin derrière lui les descriptions de Rousseau et de Bernardin. L'auteur des *Martyrs* a repris dans son poème en prose le procédé traditionnel de l'épopée classique et pseudo-classique, la comparaison développée. Il l'a renouvelé, il est vrai, en renouvelant, grâce à ses souvenirs, la matière de ces comparaisons. Les poètes de 1820 brûlent de marcher sur ses traces. Mais n'a pas qui veut les mêmes ressources à sa disposition. Il faut avoir vécu, voyagé, regardé, enrichi sa mémoire Tout le monde ne peut, comme le maitre, « aller chercher des images »[1] en Amérique ou en Grèce. Faute de mieux, on lui emprunte les siennes. Si *les Martyrs* ne suffisent pas, les ouvrages d'un autre « pèlerin » sont là, comme un autre réservoir ouvert. On y puise sans vergogne, Vigny tout le premier. Il n'y a pas lieu de s'en étonner. L'auteur de *Moïse* et d'*Eloa*, du *Mont des Oliviers* et de la *Bouteille à la mer* est un grand poète par la grâce et la délicatesse du sentiment ou par la profondeur de la pensée, mais c'est un médiocre inventeur d'images. Des grands symboles qui expriment sa conception de l'amour et de la vie, les plus admirés peut-être ne lui appartiennent pas. *La Maison du berger* vient en droite ligne des *Martyrs*[2], et *la Mort du Loup* est sortie d'une stance de *Childe Harold*[3]. A plus forte raison, dans les poèmes de sa jeunesse, s'est-il inspiré de Chateaubriand et de Byron. J'ai montré ailleurs ce que doivent à

1. Préface de la première édition de l'*Itinéraire*.
2. Livre X, éd. Garnier, 1859, t. IV, p. 146.
3. Chant IV, st. 21.

ce dernier *la Femme adultère*, ou *Moïse*, ou *le Déluge*. *Héléna* met plus largement encore à contribution les deux maîtres d'Alfred de Vigny.

C'est d'après eux qu'il a tracé ses descriptions, et rien n'était plus naturel. Ils avaient contemplé de leurs yeux les paysages qu'il donne pour fond de tableau à son poème, et qu'il n'avait pas vus. Il fallait bien demander à d'autres le dessin et la couleur. Le chant Ier d'*Héléna* s'ouvre par une description des nuits enchanteresses de la Grèce :

Sitôt que de Zéa, de Corinthe et d'Alcime
La lune large et blanche avait touché la cime,
Et douce aux yeux mortels, de ce ciel tiède et pur
Comme une lampe pâle illuminait l'azur,
Il s'élevait souvent une brise embaumée,
Qui telle qu'un soupir de l'onde ranimée,
Aux rives de chaque île apportait à la fois
Et l'encens de ses sœurs et leurs lointaines voix.
Tout s'éveillait alors : on eût dit que la Grèce
Venait de retrouver son antique allégresse,
Mais que la belle esclave, inquiète du bruit,
N'osait plus confier ses fêtes qu'à la nuit.
Les barques abordaient en des rades secrètes,
Puis, des vallons fleuris choisissant les retraites,
Des danseurs, agitant le triangle d'airain,
Oubliaient le sommeil au son du tambourin,
Oubliaient l'esclavage auprès de leurs maîtresses, etc. [1].

Il y a dans ces dix-sept vers un souvenir de l'*Itinéraire* : c'est lui qui a fourni la partie topographique du morceau, ces noms de Zéa et d'Alcime [2] ; deux imitations des *Martyrs* : l'une de la page fameuse du livre Ier : « C'était une de ces nuits dont les ombres transparentes semblent

1. I, 17-33.
2. *Itinéraire*, éd Garnier, t. V, pp. 198 et 223.

craindre de cacher le beau ciel de la Grèce ; ce n'étaient point des ténèbres, c'était seulement l'absence de jour. L'air était doux comme le lait et le miel, et l'on sentait à le respirer un charme inexprimable. Les sommets du Taygète, les promontoires opposés de Colonides et d'Acritas, la mer de Messénie, brillaient de la plus tendre lumière ; une flotte ionienne baissait ses voiles pour entrer au port de Coronée, comme une troupe de colombes passagères ploie ses ailes pour se reposer sur un rivage hospitalier. Alcyon gémissait doucement sur son nid, et le vent de la nuit apportait à Cymodocée les parfums du dictame et la voix lointaine de Neptune... [1] » ; une autre, plus fugitive, du IIe livre : « La lune décroissante paraissait au milieu du ciel comme les lampes demi-circulaires que les premiers fidèles allumaient aux tombeaux des martyrs [2] » ; une réminiscence du *Giaour* : « Beau climat ! où chaque saison propice sourit à ces îles fertiles que l'œil découvre des hauteurs de Colonna, et dont l'aspect enchante le cœur et le plonge dans une douce rêverie ! c'est là que l'Océan admire la surface à peine soulevée de ses flots dans lesquels se réfléchissent les sommets des monts qui couronnent ces îles fortunées ; et si parfois une brise passagère vient faire onduler le cristal azuré de la mer, ou sépare une fleur de sa tige, les ailes de ce zéphyr bienfaisant transportent en tous lieux les parfums les plus doux » [3] ; — et une de *Childe Harold* : « Le rivage retentit de cris confus... De légers caïques semblent à peine effleurer la plaine liquide ; les jeunes Grecques dansent sur les bords du

1. T. IV, p. 21.
2. P. 37.
3. Trad. Pichot, 2e éd., 1820, t. II, p. 7.

Bosphore ; les danseurs et leurs danseuses oublient également le sommeil et l'heure qui les appelle sous le toit paternel, etc. [1]» — Au IIe chant Vigny a voulu peindre un clair de lune encore sur la mer de l'Archipel :

> Mais rien ne paraît plus, que la lune qui dort
> Sur des flots mélangés et de saphir et d'or :
> Il n'y voit s'élever que les montagnes sombres,
> Les colonnes de marbre et les lointaines ombres
> Des îles du couchant, dont l'aspect sérieux
> S'oppose au doux sourire et des flots et des cieux [2].

Cette fois, il n'a fait qu'ouvrir la traduction Pichot et versifier quelques lignes du *Corsaire* : « Mais déjà, depuis les sommets de l'Hymète jusqu'à la plaine, la reine des nuits commence son règne silencieux... Ses rayons vont se briser sur les corniches de la blanche colonne... Plus loin la mer d'Égée a calmé son sein courroucé et déroule majestueusement ses vagues de saphir et d'or, pendant que les îles qui s'élèvent au milieu des flots déploient au loin le rideau de leurs ombres, dont le sévère aspect contraste avec le sourire de l'Océan [3]. » Il est inutile de multiplier les exemples. J'ai déjà dit que la traversée de l'Archipel, qui remplit en grande partie le chant II, est un centon des *Martyrs*, et que le dénouement du poème suit de près l'épisode final du *Siège de Corinthe*. On trouvera dans les notes le détail de ces imitations.

On y trouvera aussi les originaux des comparaisons développées dont Vigny a orné son *Hélèna*. J'en ai compté une vingtaine. L'une d'entre elles semble provenir à la

1. Trad. Pichot, etc., t. III, p. 95.
2. II, 47-52.
3. *Corsaire*, III, 1 ; trad. Pichot, t. I, p. 51.

fois de Chénier et de Millevoye : c'est un souvenir du *Jeune Malade*, compliqué d'une réminiscence de *la Chute des feuilles* [1]. Une douzaine d'autres sont empruntées à Chateaubriand ou à Byron. Tantôt Vigny n'a fait que mettre en vers le passage qui lui a servi de modèle :

> C'est ainsi qu'en hiver les noires hirondelles
> Au bord d'un lac choisi par le léger conseil,
> Prêtes à s'élancer, pour suivre leur soleil,
> Et saluant de loin la rive hospitalière,
> Préparent à grands cris leur aile aventurière [2].

On reconnaît là un morceau de l'*Itinéraire* : « Je me rappelle que dans mon enfance je passais des heures entières à voir avec je ne sais quel plaisir triste voltiger les hirondelles en automne : un secret instinct me disait que je serais voyageur comme ces oiseaux. Ils se réunissaient, à la fin du mois de septembre, dans les joncs d'un grand étang : là, poussant des cris et exécutant mille évolutions sur les eaux, ils semblaient essayer leurs ailes et se préparer à de longs pèlerinages [3]. » Ailleurs la ressemblance est encore plus frappante :

> Elle pleura longtemps. On l'entendait dans l'ombre
> Comme on entend le soir, dans le fond d'un bois sombre,
> Murmurer une source en un lit inconnu [4].

Voici le texte des *Martyrs* : « Elle cachait sa douleur sous les replis d'un voile. On n'entendait que le bruit de ses pleurs, comme on est frappé, dans les bois, du murmure

1. Voir chant II, v. 163-176 et la note.
2. II, 12-16.
3. *Œuvres complètes*, t. V, p. 260.
4. II, 157-159.

d'une source qu'on ne voit point encore [1]. » — Tantôt l'emprunt se réduit à une réminiscence brève et lointaine. Le long et fameux passage du *Giaour* où Byron représente la Grèce sous les traits d'une jeune morte en qui la beauté survit au trépas a vraisemblablement suggéré ces trois vers qui peignent la Grèce esclave :

> Tel, sous un pâle front que la fièvre ravage,
> D'une vierge qui meurt l'amour vient ranimer
> Les lèvres que bientôt la mort doit refermer [2].

Tantôt la comparaison est développée : Chateaubriand en quelques mots montre Cymodocée assise sur la poupe du navire qui l'emporte vers la Palestine, « entre les statues d'ivoire de Castor et de Pollux. Sans les larmes qui coulaient de ses yeux, on l'eût prise pour la sœur de ces dieux charmants [3]. » Telle *Hélèna* apparaît sur le vaisseau qui la conduit à Athènes :

> Quand pâle, enveloppée de son blanc vêtement,
> Elle s'élevait seule au sein de l'ombre noire,
> Les Grecs se rappelaient ces images d'ivoire
> Qu'aux poupes des vaisseaux consacraient leurs aïeux,
> Pour les mieux assurer de la faveur des dieux [4].

Tantôt elle est remaniée : Chateaubriand et Vigny comparent tous les deux un guerrier rassasié de carnage à un fauve qui s'endort sur les dépouilles de ses victimes, mais ils ont choisi, l'un, pour peindre le guerrier franc, un animal noble et généreux, le lion, l'autre, pour peindre le

1. *Œuvres complètes*, t. IV, p. 275.
2. v. 11-11, et la note.
3. *Œuvres complètes*, t. IV, p. 239.
4. v. 147-151.

Musulman féroce, un animal perfide et cruel, le tigre [1]. Tantôt enfin elle est retournée : Byron fait combattre un taureau contre une bande de loups : Vigny fait combattre un loup contre un troupeau de bœufs [2]. L'imagination du poète travaille volontiers sur la matière qui lui a été fournie : encore faut-il que cette matière lui ait été apportée du dehors.

En somme, le style d'*Hélèna* est un style de transition, encore empêtré d'habitudes pseudo-classiques, entravé par une certaine difficulté et gaucherie d'expression dont Vigny ne se défera jamais, mais orienté vers le pittoresque et la couleur par l'imitation des deux maîtres qui, vers 1820, donnent le ton à nos jeunes romantiques. C'est dans le même style que Vigny a écrit ses poèmes de 1822, et même ceux de 1826, bien qu'à partir d'*Eloa* on sente quelque chose dans son allure de plus libre et de plus dégagé [3]. Si l'on veut s'en rendre compte, il faut comparer *Hélèna* non pas avec la rédaction actuelle de ces poèmes, mais avec leur premier état, avant que le poète les eût repris, corrigés, et, pour mieux dire, récrits. Qu'on lise *la Prison* dans l'édition originale, et qu'on me dise si les morceaux suivants valent plus ou moins que tel ou tel couplet d'*Hélèna* :

On l'entraîne toujours en des détours savants.
Tantôt craque à ses pieds le bois des ponts mouvants :
Tantôt sa voix s'éteint à de courts intervalles,
Tantôt fait retentir l'écho des vastes salles :
D'un escalier rapide on avertit ses pas :

1. Voyez III, 21-26, et la note.
2. Voyez III, 93-112, et la note.
3. Sur les caractères du style de Vigny dans les *Poèmes* de 1822 et de 1826, voir E. Barat, *Le Style poétique et la révolution romantique*. Paris, Hachette, 1904, pp. 97 et suiv.

Il monte à la prison que lui seul ne voit pas ;
Et, les bras étendus, le vieux prêtre timide
D'un mur qui le conduit tâte l'obstacle humide.
On s'arrête : il entend le bruit des pieds mourir,
Sous de bruyantes clefs une porte s'ouvrir.
Il descend quelques pas sur la pierre glissante ;
Et, privé du secours de sa vue impuissante,
La chaleur l'avertit qu'on éclaire ces lieux.
Enfin de leur bandeau l'on délivre ses yeux.
. . . .
Des péchés tant proscrits où toujours l'on succombe
Aucun n'a séparé mon berceau de ma tombe.
Quand les vivants au jour montraient des attentats,
Mon enfance au cachot ne les soupçonnait pas.
Du récit de mes maux vous êtes bien avide :
Pourquoi venir fouiller dans ma mémoire vide,
Où, stérile de jours, le temps dort effacé !
Je n'eus point d'avenir et n'ai point de passé ;
J'ai tenté d'en avoir, et longtemps mes journées
Ont tracé sur les murs nos lugubres années ;
Mais je ne pus les suivre en leurs douloureux cours...
. . . .
Quoi ! du Masque de fer elle n'a pas horreur ?
Non, j'ai vu les beautés de sa démarche, et celles
Qui venaient de ses yeux en vives étincelles.
Soldats ! que voulez-vous ? encor ce masque froid ?
Que vous ai-je donc fait ? le soleil est à moi,
Il ranime ma vie ! Oh ! voyez-la, c'est elle, etc.

La Prison est datée par Vigny de 1821. Si je n'avais déjà donné assez de raisons de fixer à la même année la composition d'*Héléna*, peut-être aurais-je songé à en tirer une de ce rapprochement. On aurait bien du mal, en tous cas, à y trouver les éléments d'une objection. Dans le poème de « 1816 » et dans celui de 1821, la qualité du style est à peu près la même, et s'il fallait peser leurs mérites respectifs, je crois bien que c'est en faveur du premier que pencherait la balance.

VI

CONCLUSION.

Je me suis efforcé, au cours d'une étude qu'on trouvera peut-être bien minutieuse et bien longue, de mettre sous les yeux du lecteur tous les documents et arguments qui pouvaient l'aider à former son opinion. Pour moi, je me refuse absolument à voir dans *Héléna* je ne dis pas une œuvre de jeunesse, — Vigny était jeune encore en 1821, et il y paraît, — mais une œuvre d'extrême jeunesse et comme un premier début. Le poème, à mon sens, a bien été conçu et composé à la date assignée par Sainte-Beuve. Tout ce que j'accorderai, c'est que l'auteur a pu y faire entrer quelques morceaux esquissés précédemment, par exemple les couplets, assez lâchement rattachés au sujet, qui ouvrent le IIe chant. Mais l'ensemble donne l'impression d'une œuvre hâtive, écrite sous l'inspiration des circonstances, avec la préoccupation d'aboutir au plus tôt. Ainsi s'expliquent le nombre, l'étendue et la franchise des emprunts faits par Vigny à des écrivains trop admirés. Le fait, à son tour, rend raison du retranchement unique et définitif opéré par lui, et de son obstination à ce qu'il ne fût réimprimé de son ouvrage que des fragments, qui n'auraient peut-être pas été toujours ceux-là mêmes que Ratisbonne a choisis.

Je ne regrette pas, pour ma part, d'avoir contrevenu à la défense signifiée par le poète. Son œuvre, bien qu'inégale et imparfaite, n'est pas sans valeur. Les amis de Vigny qui ne peuvent avoir entre les mains l'édition de 1822 y glaneront quelques beaux vers, même quelques poétiques couplets, qui peuvent figurer sans trop de désavantage à côté des belles pages de leur poète. Les historiens de la littérature qui voudront reprendre la question, toujours pendante, de l'authenticité des dates de *la Dryade* et de *Symétha*, pourront trouver dans la conclusion à laquelle je suis arrivé pour *Héléna* un argument à l'appui de la thèse soutenue par Sainte-Beuve. Quoi qu'il en soit, et en quelque année qu'on place la composition du poème, il est de nature à intéresser la critique par les aperçus qu'il ouvre sur la méthode de travail pratiquée par son auteur. Nulle part ne se révèle plus clairement le caractère composite de la poésie de Vigny ; nulle part peut-être on ne comprend mieux, justement parce qu'ici on n'en retrouve pas assez la trace, ce qui fait en dernière analyse l'originalité de son génie, cette pensée longuement méditée et mûrie, beau papillon qui déploie lentement des ailes d'or et d'azur, encore plissées et froissées de leur séjour dans l'enveloppe obscure où, une à une, elles ont pris leurs couleurs. En lisant les trois chants d'*Héléna*, je me suis souvenu à maintes reprises, pour en admirer, à travers les ménagements imposés par la susceptibilité de Vigny en matière d'originalité littéraire, la justesse, la finesse et la merveilleuse intuition, de cette page que Sainte-Beuve, en 1835, écrivait sur l'auteur des *Poèmes :* « Chez M. de Vigny, à part les imitations évidentes d'André Chénier, qui sont une étude en dehors, on cherche vainement union et parenté avec ce qui précède en poésie française. D'où sont sortis en effet *Moïse, Eloa, Dolorida* ? Forme de composition, forme de style, d'où cela est-il inspiré ? Si les poètes de la pléiade de la Restauration ont pu sembler à quelques-uns être nés d'eux-mêmes, sans tradition prochaine dans le passé littéraire, déconcertant les habitudes du goût et la routine, c'est bien sur M. de Vigny que tombe en plein la remarque. Ces poètes, à en juger par lui, étaient en effet des âmes orphelines, sans parents directs en littérature française. Hormis M. de Chateaubriand, qui encore ne les reconnaissait pas bien authentiquement, je ne vois guère de qui ils se seraient réclamés. Oui, dans cette Muse si neuve qui m'occupe, je crois voir, à la Restauration, un orphelin de bonne famille qui a des oncles et des grands-oncles à l'étranger (Dante, Shakespeare, Klopstock, Byron) : l'orphelin, rentré dans sa patrie, parle avec un très bon accent, avec une exquise élégance, mais non sans quelque embarras et lenteur, la plus noble langue française qui se puisse imaginer ; quelque chose d'inaccoutumé, d'étrange souvent, arrête, soit dans la nature des conceptions qu'il déploie, soit dans les pensées choisies qu'il exprime. Les sources extérieures du talent poétique de M. de Vigny, si on les recherche bien, furent la Bible, Homère, du moins Homère vu par le miroir d'André Chénier, Dante peut-être, Milton, Klopstock, Ossian, Thomas Moore lui-même, mais tout cela plus ou moins lointain et croisé, tout cela surtout fondu et absorbé goutte à goutte dans une organisation concentrée, fine et puissante [1]. » Avec quelques retouches, cette page vive et pénétrante pourrait être définitive. Ai-je besoin d'avertir

1. *Revue des Deux Mondes*, octobre 1835. Article sur *Servitude et Grandeur militaires*, recueilli dans les *Portraits contemporains*, Paris, 1869, t. II, pp. 52 et suiv.)

le lecteur qui n'aurait pas le temps ou le désir de les faire lui-même qu'il les trouvera indiquées, avec tout le charme d'une plume délicate et savante, dans le bel article, que j'ai souvent cité, de M. Ernest Dupuy ?

HÉLÉNA

1

Dans quelques instans de loisir j'ai fait des vers inutiles; on les lira peut-être, mais on n'en retirera aucune leçon pour nos temps. Tous plaignent des infortunes qui tiennent aux peines du cœur, et peu d'entre mes ouvrages se rattacheront à des intérêts politiques. Puisse du moins le premier de ces Poëmes n'être pas sorti infructueusement de ma plume! Je serai content s'il échauffe un cœur de plus pour une cause sacrée. Défenseur de toute légitimité, je nie et je combats celle du pouvoir Ottoman [1].

1. Cette « Introduction » (c'est ainsi que la désigne la table des matières de l'édition de 1822), bien qu'elle soit placée en tête du recueil, est spécialement destinée à présenter *Héléna* au lecteur. Une « Note », insérée à la page 67, sert de préface aux autres *Poèmes*, répartis en trois groupes : *Poèmes antiques*. — *Poèmes judaïques*. — *Poèmes modernes*.

La dernière phrase fait allusion aux polémiques soulevées dans la presse de 1821 par l'insurrection hellénique. Certains journalistes européens étaient allés jusqu'à traiter les Grecs de rebelles et d'ennemis de leur souverain légitime. Dans son numéro du 1er juillet, le *Journal des Débats* inséra une longue lettre à lui adressée « par un savant distingué originaire de la Grèce ». L'auteur, qui signe N. P., protestait énergiquement contre cette « absurdité ». La question fut discutée et résolue contre la domination turque par de Bonald dans un article du *Journal des Débats* (*Sur la Turquie*, 20 septembre 1821), qui semble bien avoir trouvé un écho dans quelques vers d'*Héléna*. (Chant Ier, vers 178-180.)

CHANT PREMIER

L'AUTEL

> Ils ont, Seigneur, affligé votre peuple, ils ont opprimé votre héritage.
> Ils ont mis à mort la veuve et l'étranger, ils ont tué les orphelins.
>
> (*Psaumes* [1].)

Le téorbe et le luth fils de l'antique lyre,
Ne font plus palpiter l'Archipel en délire ;
Son flot, triste et rêveur, lui seul émeut les airs,
Et la blanche Cyclade a fini ses concerts.

1. L'épigraphe du Ier chant est prise du psaume XCIII, versets 5 et 6 : « Populum tuum, Domine, humiliaverunt, et hereditatem tuam vexaverunt. — Viduam et advenam interfecerunt, et pupillos occiderunt. »

Vers 1 et suiv. Le dessin général du début de ce chant (vers 1-60) paraît avoir été suggéré par quelques stances du IIe chant de *Childe Harold*, où Byron a peint l'esclavage souriant de la Grèce, et opposé à l'insouciance et à la légèreté du peuple en général les regrets et les préoccupations de quelques patriotes. Je transcris ce passage d'après la traduction Pichot, que Vigny a eue certainement entre les mains. Ceci sans préjudice des réminiscences d'autres ouvrages de Byron ou de Chateaubriand, que l'on peut relever dans ces soixante vers et qui seront signalées en leur lieu.

« ... Jamais la liberté ne reviendra habiter cette contrée malheureuse, où les esclaves succéderont aux esclaves pendant des siècles de douleurs. Observez cependant la gaîté des Grecs. Les jours de l'abstinence chrétienne approchent... Mais avant que le repentir se couvre du cilice, il est permis à chacun de se livrer à la joie pendant quelques jours... Le rivage retentit de cris confus ; la musique ne cesse de faire entendre ses sons variés, les rames des barques semblent frapper la

On n'entend plus le soir les vierges de Morée,
Sur le frêle caïque à la poupe dorée,
Unir en double chœur des sons mélodieux.
Elles savaient chanter non les profanes dieux,
Apollon, ou Latone à Délos enfermée,
Minerve aux yeux d'azur, Flore ou Vénus armée,

mer en cadence, et le choc des vagues a aussi son harmonie. La reine des nuits sourit du haut de son trône céleste à cette fête joyeuse... De légers caïques semblent à peine effleurer la plaine liquide; les jeunes Grecques dansent sur les bords du Bosphore : les danseurs et leurs danseuses oublient également le sommeil et l'heure qui les appelle sous le toit paternel ; leurs yeux languissants font entre eux un échange de doux regards... Mais au milieu de cette troupe joyeuse, n'est-il pas quelques hommes agités de peines secrètes, et qu'un visage contraint trahit à demi ? La voix des vagues n'est pour ceux-là qu'un gémissement plaintif sur l'objet de leurs regrets ; pour eux, la gaîté de tout ce qui les entoure n'est qu'une source de pensées mélancoliques, et n excite qu'un froid dédain. Ils n'écoutent qu'avec peine les chants et les transports tumultueux de ceux qui se livrent à la joie du moment; qu'il leur tarde d'échanger leurs habits de fête pour un lugubre linceul ! » (*Childe Harold*, II, st. 77-82, trad. Pichot, IIe édition, 1820, t. III, pp. 94-96.)

Les quatre premiers vers rappellent l'ode du poète grec, qui se trouve au IIIe chant de *Don Juan*, après la st. 86 :

« Iles de la Grèce, îles de la Grèce ! où la brûlante Sapho aima et chanta son amour, patrie de tous les arts, où s'éleva Délos, où naquit Phébus ! un éternel été vous embellit encore, mais tout est éclipsé, excepté votre soleil.

« La muse de Scio, la muse de Téos, la harpe du héros, le luth de l'amant, ont trouvé la gloire que leur refusent vos rivages ; leur terre natale seule est muette pour des chants que l'écho répète au delà des Iles Fortunées de vos ancêtres. »

Vers 7-10. Réminiscence du Ier livre des *Martyrs :* « Cymodocée, à la tête de ses compagnes, entonne l'hymne à Diane : « Formez, formez la danse légère ! Doublez, ramenez le chœur, le chœur sacré ! — Diane, souveraine des forêts, recevez les vœux que vous offrent des vierges choisies, des enfants chastes, instruits par les vers de la

Alliés de la Grèce et de la liberté ;
Mais la Vierge et son fils entre ses bras porté,
Qui calment la tempête et donnent du courage
A ceux que les méchants tiennent en esclavage :
Ainsi l'hymne nocturne à l'étoile des mers
Couronnait de repos le soir des jours amers.
Sitôt que de Zéa, de Corinthe et d'Alcime,

Sibylle. Vous naquîtes sous un palmier, dans la flottante Délos. Pour charmer les douleurs de Latone, des cygnes firent sept fois en chantant le tour de l'île harmonieuse. Ce fut en mémoire de leurs chants que votre divin frère inventa les sept cordes de la lyre, etc. » (*Œuvres complètes*, éd. Garnier, in-8°, Paris, 1859, t. IV, p. 20). L'allusion à Vénus armée, divinité spartiate, a été suggérée sans doute aussi par *les Martyrs* (p. 189) ou par l'*Itinéraire* (*ibidem*, t. V, p. 152), à moins qu'elle ne vienne d'un poème de Millevoye que Vigny connaissait fort bien, *les Adieux d'Hélène* :

Ce temple est à Vénus, mais à Vénus armée.

Vers 12-16. Chateaubriand, *Martyrs*, livre XIX : « Etoile des mers, patronne des navigateurs, le salut de ces infortunés fut un miracle de votre bonté divine ! On ne vit point un dieu imaginaire lever la tête au-dessus des vagues et leur commander le silence, mais une lumière surnaturelle entr'ouvrit les nuées : au milieu d'une gloire, on aperçut une femme céleste portant un enfant dans ses bras et calmant les flots par un sourire » (*Œuvres complètes*, t. IV, p. 270) ; — et *Génie du Christianisme*, IIe partie, liv. IV, chap. VII : « Déjà l'Océan se creuse pour engloutir les matelots ; déjà les vagues, élevant leurs tristes voix entre les rochers, semblent commencer les chants funèbres ; tout à coup un trait de lumière perce la tempête : l'*Etoile des mers*, Marie, patronne des mariniers, paraît au milieu de la mer. Elle tient son enfant dans les bras et calme les flots par un sourire. » (*Ibid.*, t. II, p. 236.)

Vers 17. Zéa, l'ancienne Céos ; le cap Alcime, promontoire situé à l'entrée du Pirée. Ces noms ont été fournis par l'*Itinéraire*. (*Œuvres complètes*, t. V, pp. 198 et 223.)

Vers 17-24. Comparez la page célèbre des *Martyrs* : « C'était une de ces nuits dont les ombres transparentes semblent craindre de cacher le beau ciel de la Grèce : ce n'étaient point des ténèbres, c'était seule-

La lune large et blanche avait touché la cime,
Et douce aux yeux mortels, de ce ciel tiède et pur
Comme une lampe pâle illuminait l'azur,
Il s'élevait souvent une brise embaumée,
Qui, telle qu'un soupir de l'onde ranimée,
Aux rives de chaque île apportait à la fois
Et l'encens de ses sœurs et leurs lointaines voix.
Tout s'éveillait alors : on eût dit que la Grèce
Venait de retrouver son antique allégresse,
Mais que la belle esclave, inquiète du bruit,
N'osait plus confier ses fêtes qu'à la nuit.
Les barques abordaient en des rades secrètes,

ment l'absence de jour. L'air était doux comme le lait et le miel, et l'on sentait à le respirer un charme inexprimable. Les sommets du Taygète, les promontoires opposés de Colonides et d'Acritas, la mer de Messénie, brillaient de la plus vive lumière. . Le vent de la nuit apportait à Cymodocée les parfums du dictame et la voix lointaine de Neptune... » (Liv. Ier, *Œuvres complètes*, t. IV, p. 21.) Cette description a été particulièrement admirée des romantiques de 1820. Emile Deschamps l'a versifiée dans ses *Etudes françaises et étrangères* (4e éd., Paris, 1829 : *Une page des Martyrs*, p. 273). Vigny paraît avoir eu aussi dans la tête le début du *Giaour* : « Beau climat! où chaque saison propice sourit à ces îles fertiles que l'œil découvre des hauteurs de Colonna, et dont l'aspect enchante le cœur et le plonge dans une douce rêverie! C'est là que l'Océan admire la surface à peine soulevée de ses flots sur lesquels se réfléchissent les sommets des monts qui couronnent ces îles fortunées, et si parfois une brise passagère vient faire onduler le cristal azuré de la mer ou sépare une fleur de sa tige, les ailes de ce zéphyr bienfaisant transportent en tous lieux les parfums les plus doux. » (Trad. Pichot, t. II, p. 7.)

Vers 20. « La lune décroissante paraissait au milieu du ciel, comme les lampes demi-circulaires que les premiers fidèles allumaient aux tombeaux des martyrs ». (Chateaubriand, *Martyrs*, liv. II ; *Œuvres complètes*, t. IV, p. 37.)

Puis, des vallons fleuris choisissant les retraites,
Des danseurs, agitant le triangle d'airain,
Oubliaient le sommeil au son du tambourin,
Oubliaient l'esclavage auprès de leurs maîtresses
Qui de leurs blonds cheveux nouaient les longues tresses
Avec le laurier-rose, et de moelleux filets,
Et des médailles d'or, et de saints chapelets.
On voyait, dans leurs jeux, Ariane abusée

Vers 34-36. Comparez, pour la chute de la phrase, avec André Chénier, *l'Aveugle,* v. 254-256 ; *Elégies*, liv. I, xx, v. 17-20, et *la Jeune Tarentine :*

> Une clef vigilante a pour cette journée
> Sous le cèdre enfermé sa robe d'hyménée,
> Et l'or dont au festin ses bras seront parés,
> Et pour ses blonds cheveux les parfums préparés.

Les voyageurs du début du XIXe siècle décrivent ainsi la coiffure des femmes grecques : « Elles ont ordinairement beaucoup de cheveux ; elles les nattent, les laissent flotter en arrière, et ils tombent quelquefois jusqu'à terre. Il n'est pas rare de voir de jeunes personnes former plus de vingt grosses tresses, sans compter les deux ou trois dont elles ceignent leurs têtes en forme de couronne, et qu'elles ornent de fleurs, de plumets, de perles et de bijoux. » (Chandler, *Voyage dans l'Asie-Mineure et en Grèce,* trad. Servois et Barbié du Bocage, Paris, 1806, t. I, p. 146.) — « Comme les Juives, elles (les Macédoniennes) cachent leurs cheveux avec un bandeau de mousseline auquel est attaché un bonnet rouge en forme de reseille (*sic*), garni de sequins et de colifichets, qui tombe au-dessous des reins. » (Pouqueville, *Voyage en Grèce*. Paris, 1820-1821, t. II, p. 424.) Aucun d'entre eux ne parle de chapelets. Vigny ne se serait-il pas souvenu d'un détail des *Martyrs*? « Eudore prend dans sa main un javelot de frêne ; il suspend à sa main droite une de ces couronnes de grains de corail dont les vierges martyres ornaient leurs cheveux en allant à la mort. » (*Œuvres complètes,* t. IV, p. 54.) Chateaubriand ajoute en note : « La plupart des Grecs portent encore aujourd'hui un chapelet à la main. Il était assez difficile d'exprimer un chapelet dans le style noble : je ne sais si j'ai réussi. » (*Ibid.*, p. 379.) Vigny a été plus audacieux que son modèle.

Vers 37-40. La danse grecque appelée la Candiote a été souvent

Conduire en des détours quelque jeune Thésée,
Un Grec, ainsi que l'autre, en ce joyeux moment,
Tendre, et bientôt peut-être aussi perfide amant.

Ainsi de l'Archipel souriait l'esclavage ;
Tel sous un pâle front que la fièvre ravage,
D'une Vierge qui meurt, l'amour vient ranimer

comparée par les voyageurs aux sinuosités du Labyrinthe. Voyez à ce sujet Guys, *Voyage littéraire de la Grèce*, Paris, 1776, pp. 181-184 et 187, et dans le même ouvrage la *Lettre de Mme Chénier à l'auteur sur les danses grecques*, p. 198. Chateaubriand, dans *les Martyrs*, fait le même rapprochement : « Elle se rappelait les antiques traditions de l'île fameuse où elle reçut la lumière, le Labyrinthe, dont la danse des jeunes Crétoises imitait encore les détours. » (*Œuvres complètes*, t. IV, p. 21.) Il ajoute en note : « On croit que la danse crétoise connue sous le nom d'Ariane était une imitation des circuits du Labyrinthe. » (*Ibid.*, p. 374.) Pouqueville, dans son *Voyage en Morée*, la décrit presque dans les mêmes termes que Vigny : « Parmi les danses que j'ai vues, il en est une, appelée la Candiote, que les jeunes filles exécutent de préférence. On imaginerait voir Ariane indiquer les détours du Labyrinthe et en dessiner les routes au perfide Thésée » (Paris, 1805, t. I, p. 274.)

Vers 41-44. L'idée première de cette comparaison paraît être venue à Vigny d'un passage célèbre du *Giaour*, qui a été maintes fois imité par les poètes de la Restauration. (Voir E. Estève, *Byron et le Romantisme français*, Paris, 1907, pp. 116-117.) « Avez-vous jamais jeté les yeux sur une femme qui vient d'expirer ? Lorsque le premier jour de la mort n'est pas encore écoulé, ce jour où le néant commence, et qui est le dernier du danger et de la douleur, avant que la main du trépas ait flétri ces traits dont la beauté survit encore, avez-vous remarqué cet air calme et angélique, cette douceur ravissante du repos et le coloris faible mais délicat qui se mêle à la pâleur languissante de ces joues paisibles ?... Tel est l'aspect de ce rivage ; c'est la Grèce, mais la Grèce qui ne vit plus : son calme glacé, sa beauté morte, nous font tressaillir... C'est le dernier rayon d'une clarté mourante, etc. » (Trad. Pichot, t. II, p. 9.) On voit aisément comment la comparaison a été à la fois modifiée et abrégée par le poète français.

Les lèvres que bientôt la mort doit refermer.
Mais depuis peu de jours, loin des fêtes nocturnes,
On a vu s'écarter, graves et taciturnes,
Sous les verds oliviers qui ceignent les vallons,
Des Grecs dont les discours étaient secrets et longs.
Ils regrettaient, dit-on, la liberté chérie,
Car on surprit souvent le mot seul de patrie
Sortir avec éclat du sein de leurs propos,
Comme un beau son des nuits enchante le repos.
On a dit que surtout un de ces jeunes hommes,
Voyageant d'île en île, allant voir sous les chaumes,
Dans les antres des monts, sous l'abri des vieux bois,
Quels Grecs il trouverait à ranger sous ses lois :
Leur faisait entrevoir une nouvelle vie
Libre et fière ; il parlait d'Athènes asservie,
D'Athènes, son berceau, qu'il voulait secourir.
Qu'il y fut fiancé, qu'il y voulait mourir,
Qu'il fallait y traîner tout, la faiblesse et l'âge,
Armer leurs bras chrétiens du glaive du Pélage,
Et, faisant un faisceau de haines de leurs cœurs,
Aux yeux des nations ressusciter vainqueurs.

Ecoutez, écoutez cette cloche isolée,
Elle tinte au sommet de Scio désolée ;
A ses bourdonnemens, pleins d'un sombre transport,
Des montagnards armés descendent vers le port,
Car les vents sont levés enfin pour la vengeance,
Et la nuit, avec eux, monte d'intelligence.
L'écarlate des Grecs sur leur front s'arrondit :

Reliure serrée

« Que des temples bénis ils ont souillé l'enceinte,
« Placé sur vos enfants leurs prêtres endurcis,
« Et que sur votre autel leurs dieux se sont assis ?
« Ils ont dit dans leurs cœurs despotes et serviles :
« Exterminons-les tous, et détruisons leurs villes.
« Leurs jours nous sont vendus, nous réglerons leur temps
« Comme celui des Turcs cesse au gré des sultans ;
« Sur les terres du Christ, nations passagères,
« Que nous fait l'avenir des cités étrangères ?
« Passons, mais que nos bras, dans leurs larmes trempés,
« Ne laissent rien aux bords où nous étions campés.
« Et vous délaisseriez nos îles alarmées ?
« Non, partez avec nous, Dieu fort, Dieu des armées ;
« Avancez de ce pas qui trouble les tyrans ;

Vers 173-174. « Inimici dixerunt mala mihi : quando morietur, et peribit nomen ejus ? » (*Psaumes*, XL, 6.) — « Dixerunt : Venite, et disperdamus eos de gente, et non memoretur nomen Israel ultra. » (*Psaumes*, LXXXII, 5.) — « Memor esto, Domine, filiorum Edom, in die Jerusalem, qui dicunt : Exinanite, exinanite usque ad fundamentum in ea. » (*Psaumes*, CXXXVI, 7.)

Vers 175. « Vendidisti populum tuum sine pretio. » (*Psaumes*, XLIII, 13.)

Vers 177-180. « On a dit que les Turcs étaient *campés* en Europe, et cette expression rend avec assez de justesse l'état de ce peuple armé au milieu d'un peuple sans armes, esclave docile et méprisé des maîtres superbes qui, en se servant de lui pour les arts qu'eux-mêmes dédaignent comme de vils métiers, n'ont fait avec lui aucune alliance, n'ont pris de lui ni sa langue, ni sa religion, ni ses mœurs, ni ses usages, et ne lui ont rien donné des leurs, aujourd'hui au même état avec ce peuple conquis que le lendemain de la conquête. C'est là occuper militairement un pays, mais ce n'est pas le posséder en souverains légitimes : ce n'est pas ainsi que les tartares, devenus Chinois, possèdent la Chine devenue Tartare. » (De Bonald, *Sur la Turquie*, dans les *Débats* du 20 septembre 1821.)

« Cherchez dans vos trésors la force de nos rangs ;
« Doublez à nos vaisseaux la splendeur des étoiles,
« Et que vos chérubins viennent gonfler nos voiles ! »

Il disait, et les Grecs, à ces accents vainqueurs
Crurent sentir un Dieu s'enflammer dans leurs cœurs ;
Tous, les bras étendus vers la patrie antique,
Ils maudirent trois fois la horde asiatique ;
Trois fois la vaste mer à leur voix répondit ;
L'Alcyon soupira longuement, et l'on dit
Qu'au-dessus de leur tête un fugitif orage
En grondant, par trois fois, roula son noir nuage,
Où, parmi les feux blancs des rapides éclairs,
La Croix de Constantin reparut dans les airs.

FIN DU CHANT PREMIER.

Vers 184. « (Dominus) qui producit ventos de thesauris suis. » (*Psaumes*, CXXXIV, 7.)

Vers 192. Alcyon gémissait doucement sur son nid. » (*Martyrs*, liv. I : *Œuvres complètes*, t. IV, p. 21.) — « Tels sont les gémissements de Démodocus et de Cymodocée : Alcyon, qui bâtit son nid sur les vagues, fait entendre avec ses petits de douces plaintes dans le berceau flottant que la vaste mer doit bientôt engloutir. » (*Ibidem*, liv. XXIII, p. 316.

Vers 193-196. « Aussitôt le tonnerre gronde dans un ciel serein, la foudre frappe les remparts de Rome, un ange trace une voie lumineuse dans l'Occident... » (*Martyrs*, liv. XVIII, t. IV, p. 219.) — « L'on aperçut au milieu des airs une croix de lumière, semblable à ce Labarum qui fit triompher Constantin : la foudre gronda sur le Vatican... » (*Ibidem*, liv. XXIV, p. 332.) Comparez encore cette strophe de Millevoye :

> Aux rapides accords du renaissant Tyrtée,
> On dit que tout à coup de Minerve agitée
> Tressaillirent la lance et le bouclier d'or.
> Un aigle s'élança dans la plaine azurée,
> Et sur l'olive en fleur reposa son essor.
>
> (*Élégies*, liv. II : *Stésichore*.)

CHANT SECOND

LE NAVIRE

Ô terre de Cécrops, terre où règnent un souffle divin et des génies amis des hommes !
(*Les Martyrs*, CHATEAUBRIAND[1].)

Au cœur privé d'amour, c'est bien peu que la gloire.
Si de quelque bonheur rayonne la victoire,
Soit pour les grands guerriers, soit à ceux dont la voix
Eclaire les mortels ou leur dicte des lois,
N'est-ce point qu'en secret, chaque pas de leur vie
Retentit dans une âme invisible et ravie
Comme au sein d'un écho qui des sons éclatans
S'empare en sa retraite et les redit long-temps ?
Ainsi des chevaliers la race simple et brave
Au servage d'amour rangeait sa gloire esclave ;

1. Livre XVII, début, p. 230.

Vers 10-14. Vigny, dans cette allusion au rôle joué par les femmes dans la chevalerie et à leur influence civilisatrice et bienfaisante, s'inspire sans doute du *Génie du Christianisme*, IVe partie, liv. V, ch. IV; (*Œuvres complètes*, t. II, p. 477) et de l'*Histoire des Croisades* de Michaud (1808 et années suivantes) : « Un des caractères les plus remarquables de la chevalerie, celui qui excite aujourd'hui le plus notre curiosité et notre surprise, c'est l'alliance des sentiments religieux et de la galanterie. La dévotion et l'amour, tel était le mobile des chevaliers : Dieu et les dames, telle était leur devise... Comme les dames étaient les juges des actions et de la bravoure des chevaliers, elles exercèrent un empire absolu sur l'âme des guerriers, et je n'ai pas besoin de dire ce que cet ascendant du sexe le plus doux put donner

Ainsi de la beauté les secrètes faveurs
Elevèrent aux Cieux les poëtes rêveurs ;
Ainsi souvent, dit-on, le bonheur d'un empire
Aux peuples, par les rois, descendit d'un sourire.

Il s'est trouvé parfois, comme pour faire voir
Que du bonheur en nous est encor le pouvoir,
Deux âmes, s'élevant sur les plaines du monde,
Toujours l'une pour l'autre existence féconde,
Puissantes à sentir avec un feu pareil,
Double et brûlant rayon né d'un même soleil,

de charme à l'héroïsme des preux et des paladins. L'Europe commença à sortir de la barbarie du moment où le plus faible commanda au plus fort, où l'amour de la gloire, où les plus nobles sentiments du cœur, les plus tendres affections de l'âme, tout ce qui constitue la force morale de la société put triompher de toute autre force. » (Je cite d'après l'éd. de 1822, t. V, pp. 241-242.) Vigny ne pouvait ignorer non plus que ces idées avaient été mises en vers par Soumet :

Qu'ils étaient beaux, ces jours de gloire et de bonheur,
Où les preux s'enflammaient à la voix de l'honneur,
Et recevaient des mains de la beauté sensible
L'écharpe favorite et la lance invincible !
Les rênes d'or flottaient sur les blancs destriers ;
La lice des tournois s'ouvrait à nos guerriers.
Oh ! qu'on aimait à voir ces fils de la patrie
Suspendre la bannière aux palmiers de Syrie,
Des arts, dans l'Orient, conquérir le flambeau,
Et, défenseurs du Christ, lui rendre son tombeau !
Qu'on aimait à les voir, bienfaiteurs de la terre,
Au frein de la clémence accoutumer la guerre !
Le faible, l'opprimé leur confiait ses droits ;
Au serment d'être juste ils admettaient les rois... etc.

(*Les derniers moments de Bayard*, poème couronné par la 2e classe de l'Institut, le 5 avril 1815.)

Vers 15-28. De ce couplet de Vigny on peut rapprocher un beau passage du *Mazeppa* de Byron : « Nous nous rencontrâmes, nos regards se croisèrent, je la vis et je soupirai ; elle ne me parla point, et pour-

Vivant comme un seul être, intime et pur mélange,
Semblables dans leur vol aux deux ailes d'un ange,
Ou telles que des nuits les jumeaux radieux
D'un fraternel éclat illuminent les cieux.
Si l'homme a séparé leur ardeur mutuelle,
C'est alors que l'on voit et rapide et fidèle
Chacune, de la foule écartant l'épaisseur,
Traverser l'Univers et voler à sa sœur.

Belle Scio, la nuit cache ta blanche ville,
De tout corsaire Grec mystérieux asile ;
Mais il faut se hâter, de peur que le matin
Ne montre tes apprêts au Musulman lointain.
Tandis qu'au saint discours de leur vieux Patriarche,
Comme Israël jadis à l'approche de l'Arche,
Ainsi qu'un homme seul ce peuple se levait,
Solitaire au rivage un des Grecs se trouvait,
Triste, et cherchant au loin sur cette mer connue,
Si d'Athène à ces bords quelque voile est venue
Parmi tous ces vaisseaux qui d'un furtif abord
Du flot bleu de la rade avaient touché le bord.
Chaque nef y trouvait ses compagnes fidèles :

tant elle me répondit. Il y a mille accents, mille signes qui, bien que vagues et indéfinis, se font comprendre aux yeux des amants : étincelles involontaires de la pensée, qui, semblables à l'éclair électrique jaillissant tout à coup de deux cœurs brûlants, forment entre eux et presque à leur insu un commerce non moins vif que mystérieux. » Ce passage avait dû d'autant plus attirer l'attention de Vigny qu'il est cité et traduit dans les termes ci-dessus dans un article sur *Mazeppa* de J.-V. Le Clerc, au tome Ier, 1819, p. 164, du *Lycée français*, que notre poète lisait certainement.

C'est ainsi qu'en hiver, les noires hirondelles
Au bord d'un lac choisi par le léger conseil,
Prêtes à s'élancer pour suivre leur soleil,
Et saluant de loin la rive hospitalière,
Préparent à grands cris leur aile aventurière.
Mais rien ne paraît plus, que la lune qui dort

Vers 42-46. « Je me rappelle que dans mon enfance je passais des heures entières à voir, avec je ne sais quel plaisir triste, voltiger les hirondelles en automne : un secret instinct me disait que je serais voyageur comme ces oiseaux. Ils se réunissaient, à la fin du mois de septembre, dans les joncs d'un grand étang ; là, poussant des cris et exécutant mille évolutions sur les eaux, ils semblaient essayer leurs ailes et se préparer à de longs pèlerinages. » (Chateaubriand, *Itinéraire*, t. V, p 260.) — Lorsque de légères hirondelles se préparent à quitter nos climats, on les voit se réunir au bord d'un étang solitaire ou sur la tour d'une église champêtre : tout retentit des doux chants du départ ; aussitôt que l'aquilon se lève, elles prennent leur vol vers le ciel, et vont chercher un autre printemps et une terre plus heureuse. » (*Martyrs*, liv. XXII, t. IV, p. 302.)

Vers 47-52. « Mais déjà, depuis les sommets de l'Hymète jusqu'à la plaine, la reine des nuits commence son règne silencieux... Ses rayons vont se briser sur les corniches de la blanche colonne. . Plus loin, la mer d'Egée a calmé son sein courroucé et déroule majestueusement ses vagues de saphir et d'or, pendant que les îles qui s'élèvent au milieu des flots déploient au loin le rideau de leurs ombres dont le sévère aspect contraste avec le sourire de l océan. » (Byron), *le Corsaire*, III, 1 ; trad. Pichot, 2e éd., t. I, p. 54.) La comparaison avec le texte original permettra de voir que c'est la traduction qui a inspiré Vigny :

But lo ! from high Hymettus to the plain,
The queen of night asserts her silent reign...
With cornice glimmering as the moonbeams play,
There the white column greets her grateful ray...
Again the Ægean, heard no more afar,
Lulls his chafed breast from elemental war ;
Again his waves in milder tints unfold
Their long array of sapphire and of gold,
Mix'd with the shades of many a distant isle,
That frown, — where gentler ocean seems to smile.

Sur des flots mélangés et de saphir et d'or :
Il n'y voit s'élever que les montagnes sombres,
Les colonnes de marbre et les lointaines ombres
Des îles du couchant, dont l'aspect sérieux
S'oppose au doux sourire et des eaux et des cieux.
« O faites-moi mourir ou donnez-moi des ailes !
« Criait-il, aux dangers nous serons infidèles :
« Le sang versé peut-être accuse ce retard,
« L'ancre de nos vaisseaux se lèvera trop tard. »
Ainsi disait sa voix ; mais une voix sacrée
Ajoutait dans son cœur : « Attends, vierge adorée,
« Héléna, mon espoir, avant que le soleil
« Des portiques d'Athène ait doré le réveil ;
« Avant qu'au Minaret, des profânes prières,
« L'Iman ait par trois fois annoncé les dernières,
« Ma main qui sur ta main ressaisira ses droits
« Sur le seuil de ta porte aura planté la Croix.
« Suspends de tes beaux yeux les larmes répandues
« Et tes dévotes nuits à prier assidues :
« C'est à moi de veiller sur tes jours précieux,
« De conquérir ta main et la faveur des Cieux.
« Bientôt lorsque la paix couronnant notre épée
« Rajeunira les champs de la Grèce usurpée,
« Quand nos bras affranchis sauront tous appuyer
« La sainteté des mœurs et l'honneur du foyer,
« Alors on nous verra tous deux, ma fiancée,

Vers 73-76. Vigny n'a eu, pour trouver les éléments de cette description, qu'à feuilleter quelque *Voyage en Grèce.* Guys, à propos des mariages grecs, rappelle le tableau de la marche nuptiale qu'Homère a

« Traverser lentement une foule empressée,
« Devant nous les danseurs et le flambeau sacré ;
« Puis du voile de feu son front sera paré,
« Et les Grecs s'écrieront : « Voyez, c'est la plus belle,
« C'est la belle Héléna qui, pieuse et fidèle,
« Pour sa patrie et Dieu, sacrifiant son cœur,
« Devait périr, ou vivre avec Mora vainqueur !

placé sur le bouclier d'Achille. « On voit aujourd'hui, continue-t-il, dans la marche des Grecs la même pompe, le même cortège et la même musique. Elle est ouverte par des danseurs, par des instruments et par des chanteurs qui entonnent l'épithalame La mariée, chargée d'ornements, les yeux baissés, et soutenue par des femmes, ou par deux de ses proches parents, marche avec une lenteur affectée... Anciennement la nouvelle mariée portait un voile rouge et jaune, que les Arméniens ont conservé : ce voile rouge leur couvre la tête et tout le corps. On l'appelait *flammeum :* il était fait pour cacher la rougeur modeste, l'embarras et les larmes de la jeune épouse... Le brillant flambeau de l'hyménée n'a pas été oublié par les Grecs modernes. On le porte devant les nouveaux époux et dans la chambre nuptiale, où il brûle jusqu'à ce qu'il soit entièrement consumé. » (*Voyage littéraire de la Grèce*, t. I, pp. 254-255.) De même Pouqueville : « Bientôt on aperçut un long cortège descendant de la montagne, précédé de *Dadouchophores* qui tenaient des torches de pin enflammées, et de gens qui portaient des drapeaux... La foule fit passage aux mariées, qui parurent les cheveux tressés avec des fils d'or et la tête couverte du *flammeum* ou voile de pourpre... Elles s'acheminaient vers la maison de l'époux, au bruit des tambours de basque, des musettes et des voix qui recordaient l'antistrophe de l'épithalame. » (*Voyage en Grèce*, 1820-1821, t. I, p. 383.) Peut-être le poète a-t-il été engagé à intercaler ce *quadro* dans ses vers par l'exemple de *la Jeune Tarentine :*

Un vaisseau la portait aux bords de Camarine :
Là l'hymen, les chansons, les flûtes, lentement
Devaient la reconduire au seuil de son amant.
Une clef vigilante a, pour cette journée,
Sous le cèdre enfermé sa robe d'hyménée,
Et l'or dont au festin ses bras seront parés,
Et pour ses blonds cheveux les parfums préparés.

Vers 80. « *Mora*, nom mal choisi et au hasard, dit A. de Vigny, sans

« Et le voici : c'est lui dont la main vengeresse
« Brisa le premier nœud des chaînes de la Grèce,
« Et pliant sous sa loi les corsaires domptés,
« Apprit à leurs vaisseaux des flots inusités. »
Ainsi loin de la foule émue et turbulente,
Auprès de cette mer à la vague indolente,
Rêvait le jeune Grec, et son front incliné
De cheveux blonds flottans pâlissait couronné.
Tel, loin des pins noircis qu'ébranle un sombre orage,
Sur une onde voisine où tremble son image,
Un saule retiré courbant ses longs rameaux,
Pleure et du fleuve ami trouble les belles eaux.

Mais le cri du départ succède à la prière ;
D'innombrables flambeaux que voile la poussière,
Retournent aux vaisseaux, il y marche à grands pas :
Changeant sa rêverie en l'espoir des combats,
Tandis que l'ancre lourde en criant se retire,

étude assez attentive des *Botzaris*, *Canaris*, etc., etc. » (*Journal d'un Poète*, p. 279.) Il faut remarquer à sa décharge que, même en 1822, Botzaris et Canaris n'avaient pas encore l'illustration qu'ils obtinrent vers 1824. Mora est un nom d'origine ossianique, mais dans les poèmes du Macpherson il désigne exclusivement un lieu, à savoir une montagne de Calédonie. Il est parlé à maintes reprises de la bruyère du Mora, du sommet du Mora. Chez Byron, il devient, dans les imitations ossianiques des *Hours of Idleness*, un nom de personne, mais un nom de femme. Dans *Oscar d'Alva*, c'est celui de la fiancée d'Oscar ; dans *Calmar et Orla* celui de la mère de Calmar. C'est là sans doute que Vigny l'a pris, pour en faire un nom d'homme, à la açon de *Lara*.

Vers 88-92. « Il aime ce saule au port languissant, qui ressemble, avec sa tête blonde et sa chevelure en désordre, à une bergère pleurant au bord d'une onde. » (Chateaubriand, *Essai sur les Révolutions* ; *Œuvres complètes*, t. I, p. 510.)

Sur le pont balancé du plus léger navire,
Il s'élance joyeux ; comme le cerf des bois,
Qui de sa blanche biche entend bramer la voix,
Et prompt au cri plaintif de sa timide amante
Saute d'un large bond la cascade écumante.
La voile est déployée à recevoir le vent,
Et les regards d'adieu vers le mont s'élevant,
Ont vu près d'un feu blanc dont l'île se décore,
Le vieux moine, et sa Croix qui les bénit encore.

On partait, on voguait, lorsqu'un timide esquif,
Comme aux bras de sa mère accourt l'enfant craintif,
Au milieu de la flotte en silence se glisse.
— « Etes-vous Grecs ? Venez, que l'Ottoman périsse ! »
— « On se bat dans Athène. Une femme est ici
« Qui vous demande asile, et pleure. La voici. »
On voit deux matelots, puis une jeune fille ;
Ils montent sur le bord, une lumière y brille,
Un cri part : « Héléna ! » Mais les yeux d'un amant
Pouvaient seuls le savoir ; pâle d'étonnement
Lui-même a reculé, croyant voir lui sourire
Le fantôme égaré d'une jeune martyre.
Il semblait que la mort eût déjà disposé
De ce teint de seize ans par les pleurs arrosé :
Sa bouche était bleuâtre, entr'ouverte et tremblante;
Son sein, sous une robe en désordre et sanglante
Se gonflait de soupirs et battait agité

Vers 122-124. La comparaison paraît prise à Chateaubriand : « Elle (Velléda) chantait d'une voix mélodieuse des paroles terribles, et son

Comme un flot blanc des mers par le vent tourmenté.
Un voile déchiré tombant des tresses blondes
Qu'entraînait à ses pieds l'humide poids des ondes,
Ne savait pas cacher dans ses mobiles plis
Le sang qui rougissait ses épaules de lis.
Serrant un crucifix dans ses mains réunies,
Comme un dernier trésor pour les vierges bannies,
Sur ses traits n'était pas la crainte ou l'amitié ;
Elle n'implorait point une indigne pitié,
Mais, fière, elle semblait chercher dans sa pensée
Ce qui vengerait mieux une femme offensée,
Et demander au Dieu d'amour et de douleur
Des forces pour lutter contre elle et le malheur.
Le jeune Grec disait : « Parlez, ma bien-aimée,
« Votre voix à ma voix est-elle inanimée ?
« Vous repoussez ce bras, ce cœur où pour toujours
« Se doivent confier et s'appuyer vos jours !
« Vous le voulez? eh bien ! je le veux, que ma bouche
« S'éloigne de vos mains, et jamais ne les touche ;
« Non, ne m'approchez pas, s'il le faut ; mais du moins
« Héléna, parlez-moi, nous sommes sans témoins :
« Voyez, tous les soldats ont connu ma pensée,
« Ils n'ont fait que vous voir, la poupe est délaissée.

sein découvert s'abaissait et s'élevait comme l'écume des flots. » (*Martyrs*, liv. IX ; *Œuvres complètes*, t. IV, p. 134.) Mais elle est d'origine ossianique : « Son sein palpitait avec violence : telle on voit la blanche écume des flots s'élever et s'abaisser au milieu des écueils, beau mais terrible spectacle pour les nautoniers, qui à sa vue appellent les vents à leur secours. » (Ossian, *Sulmalla*, trad. Letourneur, Paris, 1777, t. II, p. 260.)

« Ce voyage et la nuit auront un même cours,
« Usons d'un temps sacré propice à nos discours,
« C'est le dernier peut-être. O ! dites, mon amie,
« Pourquoi pas dans Athène à cette heure endormie ?
« Et pourquoi dans ces lieux ? et comment ? et pourquoi
« Ce désordre et vos yeux qui s'éloignent de moi ? »

Ainsi disait Mora ; mais la jeune exilée
A des propos d'amour n'était point rappelée,
Même de chaque mot semblait naître un chagrin ;
Car, appuyant alors sa tête dans sa main,
Elle pleura longtemps. On l'entendait dans l'ombre
Comme on entend, le soir, dans le fond d'un bois sombre
Murmurer une source en un lit inconnu.
Cherchant quelque discours de son cœur bien venu,
Son ami, qui croyait dissiper sa tristesse,
Regarda vers la mer, et parla de la Grèce.
Lorsque tombe la feuille et s'abrège le jour,

Vers 157-159. « Elle cachait sa douleur sous les replis d'un voile. On n'entendait que le bruit de ses pleurs, comme on est frappé dans les bois du murmure d'une source qu'on ne voit point encore. » (Chateaubriand, *Martyrs*, liv. XX ; t. IV, p. 276.)

Vers 163-176. Cette longue comparaison rappelle à la fois deux morceaux bien connus des poètes de cette époque, *le Jeune Malade* de Chénier et *la Chute des feuilles* de Millevoye. Celui-ci a suggéré la peinture du mélancolique jeune homme ; celui-là, le rôle de la mère :

Eh bien ! mon fils, es-tu toujours impitoyable ?
Ton funeste silence est-il inexorable ?
Enfant, tu veux mourir ? Tu veux, dans ses vieux ans,
Laisser ta mère seule avec ses cheveux blancs ?
Tu veux que ce soit moi qui ferme ta paupière ?
Que j'unisse ta cendre à celle de ton père ?
C'est toi qui me devais ces soins religieux,

Et qu'un jeune homme éteint se meurt, et meurt d'amou
Il ne goûte plus rien des choses de la terre :
Son œil découragé, que la faiblesse altère,
Se tourne lentement vers le Ciel déjà gris,
Et sur la feuille jaune et les gazons flétris ;
Il rit d'un rire amer au deuil de la nature,
Et sous chaque arbrisseau place sa sépulture ;
Sa mère alors toujours sur le lit douloureux
Courbée, et s'efforçant à des regards heureux,
Lui dit sa santé belle, et vante l'espérance
Qui n'est pas dans son cœur, lui dit les jeux d'enfance,
Et la gloire, et l'étude, et les fleurs du beau temps,
Et ce soleil ami qui revient au printemps.

> Et ma tombe attendait tes pleurs et tes adieux...
> . . . .
> Tiens, mon unique enfant, mon fils, prends ce breuvage ;
> Sa chaleur te rendra ta force et ton courage...
> . . . .
> Prends, mon fils, laisse-toi fléchir à ma prière ;
> C'est ta mère, ta vieille inconsolable mère
> Qui pleure ; qui jadis te guidait pas à pas,
> T'asseyait sur son sein, te portait dans ses bras ;
> Que tu disais aimer, qui t'apprit à le dire ;
> Qui chantait, et souvent te forçait à sourire,
> Lorsque tes jeunes dents, par de vives douleurs,
> De tes yeux enfantins faisaient couler des pleurs.

L'ensemble du passage dénote l'imitation de Chénier, particulièrement les six derniers vers, avec leurs enjambements qui retombent les uns sur les autres, le latinisme (« lui dit sa santé belle »), l'accumulation des *et*, et le ton d'une naïveté et d'une simplicité un peu recherchées. — L'élégie de Chénier est la source de toute cette littérature de jeunes mourants et de jeunes malades qui a fleuri aux alentours de 1820. Les romantiques eux-mêmes s'en moquaient un peu. « André Chénier a fait *le Jeune Malade*, qui est un chef-d'œuvre ; depuis, nous avons vu paraître successivement *la Jeune Malade*, *la Sœur malade*, *la Jeune*

Les navires penchés volaient sur l'eau dorée
Comme de cygnes blancs une troupe égarée
Qui cherche l'air natal et le lac paternel.
Le spectacle des mers est grand et solennel ;
Ce mobile désert, bruyant et monotone,
Attriste la pensée encor plus qu'il n'étonne ;
Et l'homme, entre le Ciel et les ondes jeté,
Se plaint d'être si peu devant l'immensité.

Fille malade, *le Poète mourant*, *la Mère mourante*, etc., etc., — et ces diverses élégies, malgré l'uniformité apparente du sujet, n'ont eu entre elles que celle du talent; mais je ne croyais pas qu'il fût possible d'étendre plus loin cette galerie d'infirmes sans risquer d'indisposer des gens qui se portent bien ; M. Guttinguer, avec son *Enfant malade*, vient de prouver que j'étais dans l'erreur. Je ne pense pas toutefois en commettre une en affirmant qu'à partir de ce jour l'exploitation des agonies et des maladies est interdite pour longtemps au commerce poétique, et, afin de décourager toutes les spéculations futures en ce genre, il faudrait qu'un jeune auteur de ma connaissance me permît de publier une élégie qu'il intitule : *l'Oncle à la mode de Bretagne en pleine convalescence*. Ce serait bien évidemment la clôture de toutes les poésies pharmaceutiques. » (*Muse française*, t. II, 1824, p. 347, *Revue poétique*, par S. de Fontenelle (E. Deschamps), à propos des *Mélanges poétiques* de Guttinguer.)

Vers 177-179. « La mer s'étend au loin comme une plaine immense ; les vaisseaux qui composent la flotte voguent, semblables à une troupe de cygnes sauvages. » (Byron, *Childe Harold*, ch. II, str. 17 : trad. Pichot, 2e éd., t. III, p. 66.)

He that has sail'd upon the dark blue sea
Has viewed at times, I ween, a full fair sight :
. . . .
The glorious main expanding over the bow,
The convoy spread like wild swans in their flight.

Vers 180-184. « Oh ! qu'alors les aspects de l'océan sont grands et tristes ! Dans quelles rêveries ils vous plongent !... Dieu des chrétiens !... jamais tu ne m'as plus troublé de ta grandeur que dans ces nuits où, suspendu entre les astres et l'océan, j'avais l'immensité sur ma tête et l'immensité sous mes pieds. » (Chateaubriand, *Génie du Christianisme*,

Ce fut surtout alors que cette mer antique
Aux Grecs silencieux apparut magnifique.
La nuit, cachant les bords, ne montrait à leurs yeux
Que les tombeaux épars et les temples des dieux,
Qui brillant tour à tour au sein des îles sombres,
Escortaient les vaisseaux, comme de blanches ombres,
En leur parlant toujours et de la liberté,
Et d'amour, et de gloire, et d'immortalité.
Alors Mora, semblable aux antiques Rapsodes
Qui chantaient sur ces flots d'harmonieuses odes,

t. II, p. 113.) Comparer l'*Itinéraire*, t. V, p. 418 : « Les nuits passées au milieu des vagues, sur un vaisseau battu de la tempête, ne sont pas stériles pour l'âme, car les nobles pensées naissent des grands spectacles. Les étoiles qui se montrent fugitives entre les nuages brisés, les flots étincelants autour de vous, les coups de la lame qui font sortir un bruit sourd des flancs du navire, le gémissement du vent dans les mâts, tout vous annonce que vous êtes hors de la puissance de l'homme, et que vous ne dépendez plus que de la volonté de Dieu. L'incertitude de votre avenir donne aux objets leur véritable prix, et la terre contemplée du milieu d'une mer orageuse ressemble à la vie considérée par un homme qui va mourir. »

Vers 187-192. « Nous poussâmes au large, et la brise, qui était de terre, nous emporta rapidement vers Zéa. A mesure que nous nous éloignions, les colonnes de Sunium paraissaient plus belles au-dessus des flots : on les apercevait parfaitement sur l'azur du ciel, à cause de leur extrême blancheur et de la sérénité de la nuit. » (Chateaubriand, *Itinéraire*, t. V, p. 221.) — « Nous parcourûmes cet archipel de la Grèce où l'aménité des rivages, l'éclat de la lumière, la douceur et les parfums de l'air, le disputent au charme des noms et des souvenirs. Nous vîmes tous ces promontoires marqués par des temples ou par des tombeaux. » (*Martyrs*, liv. III ; t. IV, p. 57.) — Le vaisseau s'avançait vers le dernier promontoire de l'Attique. Déjà Sunium élevait sur la pointe d'un rocher son beau temple : les colonnes de marbre blanc semblaient se balancer dans les flots avec la lumière dorée des étoiles. » (*Ibidem*, liv. XVII ; t. IV, p. 230.)

Enflamma ses discours de ce feu précieux
Que conservent aux Grecs l'amour et leurs beaux cieux :
« O regarde, Héléna ! que ta tête affligée
« Se soulève un moment pour voir la mer Egée ;
« O respirons cet air ! c'est l'air de nos aïeux,
« L'air de la liberté qui fait les demi-dieux ;
« La rose et le laurier qui l'embaument sans cesse,
« De victoire et de paix lui portent la promesse,
« Et ces beaux champs captifs qui nous sont destinés
« Ont encor dans leur sein des germes fortunés ;
« Le soleil affranchi va tous les faire éclore.
« Vois ces îles : c'étaient les corbeilles de Flore ;
« Rien n'y fut sérieux, pas même les malheurs ;
« Les villes de ces bords avaient des noms de fleurs ;
« Et, comme le parfum qui survit à la rose,
« Autour des murs tombés leur souvenir repose.

Vers 204-210 « Nous admirâmes ces cités dont quelques-unes portent le nom d'une fleur brillante, comme la rose, la violette, l'hyacinthe, et qui, chargées de leurs peuples ainsi que d'une semence féconde, s'épanouissaient au bord de la mer sous les rayons du soleil. » (Chateaubriand, *Martyrs*, liv. III ; t. IV, p. 58. Comparez l'*Itinéraire* (t. V, p. 117) : « Si Zante a réellement été le refuge des bannis, je lui voue volontiers un culte, et je souscris à ces noms d'*Isola d'Oro*, de *Fior di Levante*. Ce nom de fleur me rappelle que l'hyacinthe était originaire de Zante, et que cette île reçut son nom de la plante qu'elle avait portée. »

Vers 207. « Et toi, vierge du Pinde, fille ingénieuse de la Grèce, descends à ton tour du sommet de l'Hélicon ; je ne regretterai point les guirlandes de fleurs dont tu couvres les tombeaux, ô riante divinité de la Fable, toi qui n'as pas pu faire de la mort et du malheur même une chose sérieuse ! » (Chateaubriand, *Martyrs*, liv. I ; t. IV, p. 16.) Comparez liv. III ; (t. IV, p. 59) : « O riant Génie de la Grèce, qu'aucun malheur ne put étouffer ni peut-être aucune leçon instruire ! »

« Là, sous ces oliviers au feuillage tremblant,
« Un autel de Vénus lavait son marbre blanc ;
« Vois cet astre si pur dont la nuit se décore
« Dans ce ciel amoureux, c'est Cythérée encore ;
« Par nos rians aïeux ce ciel est enchanté,
« Son plus beau feu reçut le nom de la beauté,
« La beauté leur déesse. Ame de la nature,
« Disaient-ils, l'univers roule dans sa ceinture ;
« Elle vient, le vent tombe et la terre fleurit ;
« La mer sous ses pieds blancs s'apaise et lui sourit.
« Mensonges gracieux, religion charmante
« Que rêve encor l'amant auprès de son amante ! »

Vers 211-220. « On célébrait alors la fête de la déesse d'Amathonte : l'onde molle et silencieuse baignait le pied du temple de Dionée, bâti sur un promontoire au milieu des vagues tranquilles... Ces paroles, apportées par le souffle des zéphyrs, parvenaient sur la mer jusqu'au vaisseau : « Ame de l'univers, volupté des hommes et des dieux, belle Vénus, c'est toi qui donnes la vie à toute la nature ! Tu parais ; les vents se taisent, les nuages se dissipent, le printemps renaît, la terre se couvre de fleurs et l'Océan sourit. » (*Martyrs*, liv. XVII ; t. IV, p. 231.) A travers la prose de Chateaubriand, Vigny imite les vers célèbres de Lucrèce, que l'auteur des *Martyrs* rappelait du reste en note :

Æneadum genitrix, hominum divumque voluptas.
Alma Venus. . . . .
. . . .
Te Dea, te fugiunt venti, te nubila cœli
Adventumque tuum ; tibi suaves dædala tellus
Summittit flores : tibi rident æquora ponti,
Placatumque nitet diffuso lumine cœlum.

L'allusion à la ceinture de Vénus (v. 218), que ne fournit pas le texte de Chateaubriand, est peut-être due à un passage de *Childe Harold* (chant III, st. 90), où Byron parle de la ceinture de Cythérée, nouée comme un lien de beauté autour de l'univers :

... A charm
Like the fabled Cytherea's zone,
Binding all things with beauty...

Quand un lis parfumé qu'arrose l'Ilissus
De son beau vêtement courbe les blancs tissus,
Sous l'injure des vents et de la lourde pluie,
S'il advient qu'un rayon pour un moment l'essuie,
Son front alors s'élève, et, fier dans son réveil,
Entr'ouvre un sein humide et cherche son soleil;
Mais l'eau qui l'a flétri, prolongeant son supplice,
Tombe encor lentement des bords de son calice.
Héléna releva son front et ses beaux yeux,
Les égara longtemps sur la mer et les cieux ;
Ses pleurs avaient cessé, mais non pas sa tristesse.
D'un rire dédaigneux: « C'est donc une autre Grèce,
« Dit-elle, où vous voyez des temples et des fleurs?
« Moi, je vois des tombeaux brisés par des malheurs.

Vers 223-230. Comparez Chateaubriand, *Martyrs*, liv. XXIII : « Elle ressemblait à un tendre narcisse qui penche sa tête languissante au bord d'une eau solitaire. » (*Œuvres*, t. IV, p. 312.) — Et Byron, *Don Juan*, IV, st. 59 : « Sa tête se penchait comme un lis surchargé de pluie. » Par l'intermédiaire des vers connus de Virgile :

> Purpureus veluti cum flos succisus aratro
> Languescit moriens, lassove papavera collo
> Demisere caput, pluvia cum forte gravantur...
> (*Énéide*, IX, 435-437.)

la comparaison dérive d'Homère (*Iliade*, VIII, 306-307) :

> Μήκων δ' ὡς ἑτέρωσε κάρη βάλεν, ἥ τ' ἐνὶ κήπῳ
> καρπῷ βριθομένη, νοτίῃσί τε εἰαρινῇσιν...

Peut-être a-t-elle été rappelée à l'esprit de Vigny par ces lignes du *Génie du Christianisme* : « N'est-ce pas là la fleur qui languit touchée par le tranchant de la charrue ; le pavot qui penche sa tête abattue par une pluie d'orage ? PLUVIA CUM FORTE GRAVANTUR. » (*Œuvres*, t. II, p. 396.) Mais le développement que Vigny lui a donné est sien.

— « Eh quoi ! derrière nous, vois-tu pas, mon amie,
« Telle qu'une sirène en ses flots endormie,
« Lesbos au blanc rivage, où l'on dit qu'autrefois

Vers 237 et suiv. Le mouvement de cette tirade de Mora est imité des *Martyrs*, liv. III : « Il y avait sur notre vaisseau un Grec enthousiaste de sa patrie, comme tous les Grecs Il me nommait les lieux que je voyais : « Orphée entraîna les chênes de cette forêt au son de sa lyre ; cette montagne, dont l'ombre s'étend si loin, avait dû servir de statue à Alexandre ; cette autre montagne est l'Olympe, et son vallon, le vallon de Tempé ; voilà Délos, qui fut flottante au milieu des eaux ; voilà Naxos, où Ariane fut abandonnée .. Et cette patrie des dieux, des arts et de la beauté, s'écriait l'Athénien en versant des pleurs de rage, est en proie aux barbares. » (*Œuvres*, t. IV, p. 58 ; voir l'*Introduction* du présent ouvrage, IV.)

Vers 239-248 « Ce fut à Lesbos que naquirent Sapho et Alcée, et que la tête d'Orphée vint aborder en répétant le nom d'Eurydice. » (Chateaubriand, *Itinéraire*, t. V, p. 254.) Ce n'est pas de cette phrase assez sèche de Chateaubriand, mais d'une page du *Voyage du jeune Anacharsis*, que Vigny s'est inspiré pour évoquer les souvenirs mythologiques de Lesbos : « La musique et la poésie ont fait de si grands progrès à Lesbos que, bien qu'on y parle une langue moins pure qu'à Athènes, les Grecs disent encore tous les jours qu'aux funérailles des Lesbiens, les Muses en deuil font retentir les airs de leurs gémissements .. Orphée, dont les chants opéraient tant de prodiges, ayant été mis en pièces par les bacchantes, sa tête et sa lyre furent jetées dans l'Hèbre, fleuve de Thrace, et transportées par les flots de la mer jusqu'aux rivages de Méthymne. Pendant ce trajet, la voix d'Orphée faisait entendre des sons touchants et soutenus par ceux de la lyre dont le vent agitait doucement les cordes Les habitants de Méthymne ensevelirent cette tête dans un endroit qu'on me montra, et suspendirent la lyre au temple d'Apollon. Le dieu, pour les récompenser, leur inspira le goût de la musique, et fit éclore parmi eux une foule de talents. Pendant que le prêtre d'Apollon nous faisait ce récit, un citoyen de Méthymne observa que les Muses avaient enterré le corps d'Orphée dans un canton de la Thrace, et qu'aux environs de son tombeau les rossignols avaient une voix plus mélodieuse que partout ailleurs. » (Barthélemy, *Voyage du jeune Anacharsis en Grèce*, in-12, Paris, 1815, t. II, pp. 66-67.

« Les premiers chants humains mesurèrent les voix?
« Une vague y jeta comme un divin trophée
« La tête harmonieuse et la lyre d'Orphée ;
« Avec le même flot, la Mélodie alors
« Aborda : tous les sons connurent les accords ;
« Philomèle en ces lieux gémissait plus savante.
« Fière de ses enfans, cette île encor se vante
« Des pleurs mélodieux et des tristes concerts
« Qu'à leur mort soupiraient les Muses dans les airs. »
Mais Héléna disait, en secouant sa tête
Et ses cheveux flottans : « Votre bouche s'arrête ;
« Vous craignez ma tristesse et ne me dites pas
« Sapho, son abandon, sa lyre et son trépas.
« Elle était, comme moi, jeune, faible, amoureuse ;
« Je vais mourir aussi, mais bien plus malheureuse!
— « Tu ne peux pas mourir, puisque je combattrai.
— « Oui, vous serez vainqueur, et pourtant je mourrai
« Que les vents sont tardifs! Quel est donc ce rivage? »

Vers 245. Comparez André Chénier, *Elégies*, liv. I, XXIV :

Une douleur plus tendre anime Philomèle.

Vers 251-252. « Sapho était extrêmement sensible. — Elle était donc extrêmement malheureuse, lui dis-je. — Elle le fut sans doute, reprit-il ; elle aima Phaon dont elle fut abandonnée ; elle fit de vains efforts pour le ramener, et, désespérant d'être désormais heureuse avec lui et sans lui, elle tenta le saut de Leucade, et périt dans les flots... Sapho a fait des hymnes, des odes, des élégies et quantité d'autres pièces, la plupart sur des rythmes qu'elle avait introduits elle-même, toutes brillantes d'heureuses expressions dont elle enrichit la langue. » (*Anacharsis*, t. II, pp. 76-77.)

Vers 253-254. Comparez ces deux vers de *Phèdre* (I, III) :

Puisque Vénus le veut, de ce sang déplorable
Je péris la dernière et la plus misérable.

« Héléna, détournons un lugubre présage.
« Bientôt nous abordons : ne vois-tu pas déjà
« La flottante Délos, qu'Apollon protégea ?
« Paros au marbre pur, sous le ciseau docile ?
« Scyros où bel enfant se travestit Achille ?
« Vers le nord c'est Zéa qui s'élève à nos yeux ;
« Vois l'Attique : à présent reconnais-tu tes cieux ? »

Héléna se leva : « Lune mélancolique,
« Dit-elle, ô montre-moi les rives de l'Attique !
« Que tes chastes rayons dorant ses bois anciens,
« L'éclairent à mes yeux sans m'éclairer aux siens !
« O Grèce, je t'aimais comme on aime sa mère !
« Que ce vent conducteur qui rase l'onde amère,
« Emporte mon adieu que tu n'entendras pas,

Vers 259-264. Le détail de ces vers est emprunté à l'*Itinéraire* et aux *Martyrs.* « Je découvrais à différentes distances toutes les Cyclades : Scyros, où Achille passa son enfance ; Délos, célèbre par la naissance de Diane et d'Apollon, par son palmier, par ses fêtes ; Naxos, qui me rappelait Ariane, Thésée, Bacchus. » (*Itinéraire ; Œuvres*, t. V, p. 226.) — « Vous naquîtes sous un palmier, dans la flottante Délos. » (*Martyrs*, liv. I ; *Œuvres*, t IV, p. 20. Comparez le passage cité ci-dessus, v. 237.)

Vers 269-288. Le mouvement général et plusieurs détails de ce couplet d'*Héléna* sont imités des plaintes de Cymodocée (*Martyrs*, liv. XXIII) : « Le souvenir de son premier bonheur et du doux pays de la Grèce inspira la fille d'Homère... Elle soupira ces paroles harmonieuses :

« Légers vaisseaux de l'Ausonie, fendez la mer calme et brillante ! Esclaves de Neptune, abandonnez la voile au souffle amoureux des vents ! Courbez-vous sur la rame agile ! Reportez-moi, sous la garde de mon époux et de mon père, aux rives fortunées du Pamysus.

« Volez, oiseaux de Lybie, dont le cou flexible se courbe avec grâce

« Jusqu'aux lauriers amis de mes plus jeunes pas,
« De mes pas curieux. Lorsque seule, égarée,
« Sous un pudique voile, aux rives du Pirée
« J'allais, de Thémistocle invoquant le tombeau,
« Rêver un jeune époux, fidèle, illustre et beau,
« Couple fier et joyeux, de nos temples antiques
« Nous aurions d'un pas libre admiré les portiques ;
« Mes destins bienheureux ne seraient plus rêvés,
« Et sur les murs deux noms auraient été gravés ;
« Mon sein aurait connu les douceurs maternelles,
« Et, comme sur l'oiseau sa mère étend ses ailes,
« J'eusse élevé les jours d'un jeune Athénien,

volez au sommet de l'Ithôme, et dites que la fille d'Homère va revoir les lauriers de la Messénie !

« ...Mais d'où vient qu'en voulant chanter comme la fauvette, je soupire comme la flûte consacrée aux morts ? Je suis pourtant revêtue de la robe nuptiale ; mon cœur sentira les joies et les inquiétudes maternelles ; je verrai mon fils s'attacher à ma robe, comme l'oiseau timide se réfugie sous l'aile de sa mère... » (*Œuvres*, t. IV, p. 311.)

Vers 275. Héléna aurait elle songé à invoquer, sur les rives du Pirée, le tombeau de Thémistocle, si Vigny n'avait lu ces lignes de Chateaubriand : « Il fallut que la nuit me chassât du rivage. Les vagues que la brise du soir avait soulevées battaient la grève et venaient mourir à mes pieds ; je marchai quelque temps le long de la mer qui baignait le tombeau de Thémistocle ; selon toutes probabilités, j'étais dans ce moment le seul homme en Grèce qui se souvînt de ce grand homme. » (Voyez l'*Itinéraire : Œuvres*, t. V, p. 176 ; on y trouve d'amples détails sur le Pirée et le tombeau de Thémistocle, pp. 197-199.) — Il est souvent aussi question de ce tombeau dans les poèmes de Byron. Voyez notamment le début du *Giaour :* « Aucun zéphyr ne ride les vagues qui se déroulent majestueusement sous le rocher où reposent les cendres du rival d'Aristide. Le monument du héros domine la contrée que son bras sauva jadis du joug des Persans. Il est aperçu de loin par le nautonier qui ramène sa barque dans le port. Quand verrons-nous un autre Thémistocle ?... » (Trad. Pichot, IIe éd., t. II, p. 7.)

« Libre dès le berceau, dès le berceau chrétien.
« Mais d'où me vient encor ce regret de la vie ?
« Ma part dans ces trésors m'est à jamais ravie :
« Comment autour de moi se viennent-ils offrir ?
« Devrait-elle y penser, celle qui va mourir ?
« Hélas ! je suis semblable à la jeune novice
« Qui change au voile noir et les fleurs, son délice,
« Et les bijoux du monde, et, prête à les quitter,
« Les touche et les admire avant de les jeter.
« Des maux non mérités je me suis étonnée,
« Et je n'ai pas compris d'abord ma destinée :
« Car j'ai des ennemis, je demande le sang,
« Je pleure, et cependant mon cœur est innocent,
« Mon cœur est innocent, et je suis criminelle. »
Et puis sa voix s'éteint, et sa lèvre décèle
Ce murmure sans bruit par le vent emporté :
« Et j'unis l'infamie avec la pureté ! »

Vers 289-292. Peut-être y a-t-il ici un souvenir de la prise de voile d'Amélie. « Amélie s'avance, parée de toutes les pompes du monde... Sa superbe chevelure tombe de toutes parts sous le fer sacré ; une ongue robe d'étamine remplace pour elle les ornements du siècle sans la rendre moins touchante ; les ennuis de son front se cachent sous un bandeau de lin. » (*René : Œuvres*, t. III, pp. 90-91.) Peut-être aussi Vigny pense-t-il à l'élégie de Guiraud, *la Sœur grise* :

Et tandis que mes sœurs à de nouvelles fêtes
Vont peut-être se préparer,
Que des fleurs dont ma mère aimait à me parer
Elles ont couronné leurs têtes,
Moi je veille et je prie... et ne dois point pleurer.

O de mes premiers jours images trop fidèles !
Mes songes quelquefois me rendent vos douceurs.
Ma bouche presse encor les lèvres maternelles,
Et même au bal joyeux je suis mes jeunes sœurs,
Le front ceint de roses comme elles.

D'abord le jeune Grec, d'une oreille ravie,
Écoutait ces accents de bonheur et de vie.
A genoux devant elle, il admirait ses yeux,
Humides, languissans et tournés vers les Cieux ;
Immobile, attentif, il laissait fuir à peine
De sa bouche entr'ouverte une brûlante haleine ;
Il la voyait renaître : oubliant de souffrir,
Dans son heureuse extase il eût voulu mourir.
Mais lorsqu'il entendit sa mobile pensée
Redescendre à se plaindre, il la dit insensée ;
Pressant ses blanches mains qu'il arrosait de pleurs,
Habile à détourner le cours de ses douleurs,
Il dit : « Hélas ! ton âme est comme la colombe
« Qui monte vers le Ciel, puis gémit et retombe.
« Que n'as-tu poursuivi tes discours gracieux ?
« Je voyais l'avenir passer devant mes yeux.
« Chasse le repentir, l'inquiétude amère,
« L'époux fait pardonner d'avoir quitté la mère.
« Qu'as-tu fait, dis-le-moi, de la noble fierté
« Qui soulevait ton cœur au nom de liberté ?
« Tu t'endors aux chagrins de quelque vain scrupule,
« Quand mon vaisseau t'emporte à la terre d'Hercule ! »

Vers 313-314. « Comme une colombe que le chasseur a surprise dans le creux d'un rocher reste immobile de frayeur et n'ose s'envoler dans les plaines du ciel... » (*Martyrs*, liv. XXIII ; *Œuvres*, t. IV, p. 312.)

Vers 318-319 N'est-ce pas une réminiscence de la *Néère* d'André Chénier :

Néère tout son bien, Néère ses amours,
Cette Néère, hélas ! qu'il nommait sa Néère,
Qui, pour lui criminelle, abandonna sa mère...

Des longs pleurs d'Héléna par torrents échappés,
Il sentit ses cheveux long-temps encor trempés ;
Mais honteuse, bientôt elle éleva la tête,
Et l'on revit briller sur sa bouche muette,
Au travers de ses pleurs, un sourire vermeil,
Comme à travers la pluie un rayon de soleil.
Son regard s'allumait comme une double étoile ;
Sa main rapide enlève et jette aux flots son voile :
Elle tremble et rougit : va-t-elle raconter
Les secrets de son cœur qu'elle ne peut dompter ?
« J'avais baissé les yeux en implorant le glaive ;
« J'ai trouvé le vengeur, ma tête se relève,
« Dit-elle : ô donnez-moi ce luth ionien,
« Nul amour pour les chants ne fut égal au mien.
« Se mesurant en chœur, que vos voix cadencées
« Suivent le mouvement des poupes balancées.
« O jeunes Grecs ! chantons ; que la nuit et ces bords
« Retentissent émus de nos derniers accords :
« Les accords précédaient les combats de nos pères ;
« Et nous, n'avons-nous pas nos trois Muses sévères,
« La Douleur et la Mort toujours devant nos yeux,
« Et la vengeance aussi, la volupté des Dieux ? »

LE CHOEUR DES GRECS.

O jeune fiancée ! ô belle fugitive !
Les guerriers vont répondre à la vierge plaintive ;
Le dur marin sourit à la faible beauté,
Et son bras est vainqueur quand sa voix a chanté

HÉLÉNA.

Regardez, c'est la Grèce ; ô regardez ! c'est elle !
Salut, reine des Arts ! Salut, Grèce immortelle !
Le monde est amoureux de ta pourpre en lambeaux,
Et l'or des nations s'arrache tes tombeaux.

O fille du Soleil ! la Force et le Génie
Ont couronné ton front de gloire et d'harmonie.
Les générations avec ton souvenir
Grandissent ; ton passé règle leur avenir.

Les peuples froids du Nord, souvent pleins de ta gloire,
De leurs propres aïeux ont perdu la mémoire ;
Et quand, las d'un triomphe, il dort dans son repos,
Le cœur des Francs palpite au nom de tes héros.

O terre de Pallas ! contrée au doux langage !
Ton front ouvert sept fois sept fois fit naître un sage.
Leur génie en grands mots dans les temps s'est inscrit ;
Et Socrate mourant devina Jésus-Christ.

Vers 364. Ici c'est Vigny qui devance Lamartine. Ce vers pourrait servir d'épigraphe à *la Mort de Socrate* (1823), et la tirade suivante en est comme le commentaire :

Heureux ceux qui naîtront dans la sainte contrée
Que baise avec respect la vague d'Erythrée !
Ils verront les premiers, sur leur pur horizon,
Se lever au matin l'astre de la raison.
Amis, vers l'orient tournez votre paupière :
La vérité viendra d'où nous vient la lumière !
Mais qui l'apportera ?... C'est toi, Verbe conçu !
Toi qu'à travers les temps mes yeux ont aperçu ;
Toi dont par l'avenir la splendeur réfléchie

LE CHOEUR.

O vous, de qui la voile est proche de nos voiles,
Vaisseaux helléniens, oubliez les étoiles !
Approchez, écoutez la Vierge aux sons touchans :
La Grèce, notre mère, est belle dans ses chants.

HÉLÉNA.

O fils des héros d'Homère !
Des temps vous êtes exclus ;
Telle n'est plus votre mère,
Et vos pères ne sont plus.
Chez nous l'Asie indolente
S'endort superbe et sanglante,
Et, tranquilles sous ses yeux,
Les esclaves de l'esclave

Vient m'éclairer d'avance au sommet de la vie.
Tu viens ! tu vis ! tu meurs d'un trépas mérité !
Car la mort est le prix de toute vérité.
Mais ta voix expirante, en ce monde entendue,
Comme la mienne au moins ne sera pas perdue,
La voix qui vient du ciel n'y remontera pas ;
L'univers assoupi t'écoute et fait un pas ;
L'énigme du destin se révèle à la terre ! etc.

Vers 376. « Tes lâches habitants, dit Byron en s'adressant à la Grèce, rampent depuis le berceau jusqu'à la tombe, esclaves d'un esclave » (*Giaour*, début ; trad. Pichot, t. II, p. 11) :

Slaves, — nay the bondsmen of a slave.

Il commente ainsi son vers dans une note : « Athènes est la propriété du Kislar Aga (chef des eunuques noirs du sérail) ; c'est lui qui nomme le wayvode. Un *pandar* et un *eunuque* (ces titres sont vrais), s'ils ne sont pas nobles, *gouvernent le gouvernement* d'Athènes. »

Regardent la mer qui lave
L'urne vide des aïeux.

LE CHOEUR.

Mais la nuit aura vu ces eaux moins malheureuses
Laver avec amour nos poupes généreuses ;
Et ces tombes sans morts, veuves de nos parens,
Regorgeront demain des os de nos tyrans.

HÉLÉNA.

Non, des Ajax et des Achilles
Vous n'avez gardé que le nom :
Vos vaisseaux se cachent aux îles
Que cachaient ceux d'Agamemnon ;
Mahomet règne dans nos villes,
Se baigne dans les Thermopyles,
Chaudes encor d'un sang pieux ;
Son croissant dans l'air se balance...
Diomède a brisé sa lance :
On n'ose plus frapper les dieux.

LE CHOEUR.

L'aube de sang viendra, vous verrez qui nous sommes;
Vos chants n'oseront plus redemander des hommes.

Vers 391-392. Allusion au chant v de l'*Iliade :* Diomède, dans la bataille, blesse d'un coup de lance Vénus d'abord, puis Mars lui-même.

Compagnon mutilé de la mort de Riga
Et pirate sans fers, fugitif de Parga,
Le marin, rude enfant de l'île,
Loin de ses bords chéris flotte sans l'oublier ;
Il sait combattre comme Achille,
Et son bras est sans bouclier.

Vers 395. Sur Riga, voir plus haut, chant Ier, v. 92 et la note.

Vers 396. Il est question des pirates de Parga dans la strophe 5 de la chanson de guerre albanaise insérée par Byron, à la suite de la stance 72, au IIe chant de *Childe Harold.* Mais l'imagination de Vigny et de ses contemporains avait été surtout frappée par l'héroïque résolution des habitants de la petite ville épirote. Elle avait été occupée en 1815 par les Anglais, puis cédée par eux à Ali-Pacha Les Parganiotes, plutôt que de tomber sous la domination du despote de Tébélen, abandonnèrent leur ville, et émigrèrent dans les îles Ioniennes, après avoir exhumé et brûlé les ossements de leurs ancêtres (10 mai 1819). Les journaux du temps rapportèrent le fait (voir les *Débats* du 4 juillet 1819) ; de dramatiques récits en furent publiés, en Angleterre, dans l'*Edinburgh Review* (October 1819) ; en France, dans la *Bibliothèque historique* (*Notice sur Ali-Vizir, pacha de Janina*, t. IX, 1819, p. 5), dans le *Voyage en Grèce* de Pouqueville, Paris, 1820-1821 t. I, pp. 494 et suiv., t. III, pp. 409 et suiv.) et dans une brochure spéciale : *Exposé des faits qui ont précédé et suivi la prise de Parga, ouvrage écrit originairement par un Parganiote, et traduit en français par un de ses compatriotes, publié par Amaury Duval, membre de l'Institut royal de France*, in-8°, Paris, 1820. « La cession de Parga aux Turcs par la puissance qui avait pris sous sa protection la ville et son territoire, dit Amaury Duval dans l'*Avertissement*, est un de ces événements que l'histoire doit consigner dans ses fastes. Ce sera un éternel monument de honte pour le gouvernement anglais. » (P. 5.) J.-P. Abel Rémusat, rendant compte dans les *Annales de la littérature et des arts* du *Voyage* de Pouqueville, signale parmi les chapitres les plus intéressants celui qui termine le Ier volume et où l'auteur raconte la chute de Parga. « Cette petite catastrophe, qu'on eût à peine remarquée en d'autres temps, a fait une grande sensation dans le nôtre. » (VIIIe livraison, 1820, t. I, p. 273.) Elle fut chantée la même année par Viennet, dans un poème intitulé *Parga*. (Paris, in-8°, 1820 ; 2e éd. en 1821, à la suite des *Epitres et Poésies*.)

HÉLÉNA.

O nous pourrions déjà les entendre crier !
Ces filles, ces enfants, innocentes victimes ;
Vos ennemis rians les foulent sous leurs pas,
Et leur dernier soupir s'étonne de ces crimes
Que leur âge ne savait pas.

Vous avez évité ces horribles trépas,
Vous, sœurs de mon destin, plus heureuses compagnes
Votre pudeur tremblante a fui dans les montagnes ;
Appelant de leurs mains et plaignant Héléna,
Leur troupe poursuivie arrive à Colona ;
Puis sur le cap vengeur, l'une à l'autre enlacée
Chanta d'une voix ferme, exempte de sanglots,
Et leur hymne de mort, sur le mont commencée,
S'éteignit dans les flots.

Vers 406-414. Vigny transpose ici un des faits les plus célèbres de la lutte des Souliotes contre Ali-Pacha (1803). Voir l'*Introduction*, II. Je rappelle ici celui des récits de l'événement qui se rapproche le plus du passage de Vigny et qui l'a vraisemblablement inspiré. « Ali, forcé de lever le blocus de Parga, ordonne à ses troupes de se porter vers Zalongos afin d'égorger les Souliotes qui venaient à peine de s'y établir. Résistance héroïque de Kitzo Bochari et de Kontzonicas. Courage héroïque de soixante femmes, menacées d'être réduites en esclavage par les Turcs. Elles lancent leurs enfants en guise de pierres sur les assaillants, du haut des rochers où elles se trouvaient ; puis, entonnant leur hymne funèbre, et se donnant la main l'une à l'autre, elles se précipitent au fond de l'abyme, où les cadavres amoncelés de leurs enfants en empêchèrent quelques-unes de trouver la mort, objet de leurs vœux. » (Pouqueville, *Voyage dans la Grèce*, 1re éd., Paris, 1820-1821, t. V, p. 185 : *Fragments pour servir à l'histoire de Souli*.)

LE CHOEUR.

O tardive vengeance ! ô vengeance sacrée !
Par trois cents ans captifs sans espoir implorée,
As-tu rempli ta coupe avec ces flots de sang ?
Quand la verseras-tu sur eux ?

HÉLÉNA.

Elle descend.
Voyez-vous sur les monts ces feux patriotiques
S'agiter aux sommets de leurs croupes antiques ?
Et Colone, et l'Hymète, et le Pœcile altier,
Que l'olivier brûlant éclaire tout entier ?
Comme aux fils de Léda la flamme est sur leur tête ;
Les Grecs les ont parés pour quelque grande fête :
C'est celle de la Grèce et de la liberté ;
Le signal de nos feux à leurs yeux est porté.

Quittez vos trônes d'or, Nations de la terre,
Entourez-nous et dépouillez le deuil ;
Votre sœur soulève la pierre
Qui la couvrait dans son cercueil.
A la fois pâle, faible et fière,
Ses deux mains implorent vos mains ;
Ses yeux, que du sépulcre aveugle la poussière,
Vers ses anciens lauriers demandent leurs chemins.

Vers 420. Indications topographiques vraisemblablement empruntées à l'*Itinéraire*. (*Œuvres*, t. V, p. 177.)

La victoire la rendra belle ;
Tendez-lui de vos bras les secours belliqueux,
Les dieux combattaient avec elle ;
Êtes-vous donc plus grandes qu'eux ?
Du moins contre la Grèce, ô n'ayez point de haine !
Encouragez-la dans l'arène ;
Par des cris fraternels secondez ses efforts ;
Et, comme autrefois Rome en leur sanglante lutte,
De ses gladiateurs jugeait de loin la chute,
Que vos oisives mains applaudissent nos morts.

Elle disait. Ses bras, sa tête prophétique
Se penchaient sur les eaux et tendaient vers l'Attique.
En foule rassemblés, remplis d'étonnement,
Quand pâle, enveloppée en son blanc vêtement,
Elle s'élevait seule au sein de l'ombre noire,
Les Grecs se rappelaient ces images d'ivoire
Qu'aux poupes des vaisseaux consacraient leurs aïeux,
Pour les mieux assurer de la faveur des dieux.

FIN DU CHANT SECOND.

Vers 449-451. Le second chant, comme le premier, se clôt par un souvenir de Chateaubriand. « Cymodocée était assise sur la poupe ornée de fleurs, entre les statues d'ivoire de Castor et de Pollux. Sans les larmes qui coulaient de ses yeux, on l'eût prise pour la sœur de ces dieux charmants .. » (*Martyrs*, liv. X ; *Œuvres*, t. IV, p. 230.)

CHANT TROISIÈME

L'URNE.

Cette urne que je tiens contient-elle sa cendre ?
O vous, à ma douleur objet terrible et tendre,
Eternel entretien de haine et de pitié !

(CORNEILLE) [1].

« Aux armes, fils d'Ottman, car de sa voix roulante
« Le tambour vous rappelle à la tâche sanglante.
« Le canon gronde encor sur le fort de Phylé.
« Le cœur des Giaours à ce bruit a tremblé,
« Sous leurs tombeaux détruits ils ont caché leur tête :
« Mais le sabre courbé va sortir, et s'apprête

1. *La mort de Pompée*, acte V, Sc. I.

Vers 1-12. Cet appel aux armes débute à la manière du chant de guerre albanais que Byron a inséré au IIe chant de *Childe Harold*, à la suite de la stance 72. « Tambourgi ! Tambourgi ! ta musique guerrière annonce les combats et remplit les braves d'espérance... » Il est à remarquer qu'il est question de Phylé (le moderne Viglakastron) dans la stance 74 du IIe chant de *Childe Harold* : « Génie de la liberté ! Lorsque tu accompagnas Thrasybule et ses fidèles Athéniens sur les hauteurs de Phylé, pouvais-tu prévoir la honte et les malheurs qui flétrissent aujourd'hui tous les charmes des plaines verdoyantes de l'Attique? » Vigny semble prendre la petite citadelle d'où Thrasybule marcha sur Athènes pour une forteresse turque. Peut-être avait-il lu un peu rapidement une des notes mises par Byron à son poème : « Du fort de Phylé, dont il reste encore beaucoup de ruines, l'on voit tout à la fois la plaine d'Athènes, le mont Pentelicus, l'Hymète, l'Acropolis et la mer Egée, etc » (Trad Pichot, IIe éd , III, p. 127.) — Il se mêle sans doute à ces réminiscences des souvenirs du Coran, que Vigny indique plus loin comme une de ses sources.

« A confondre bientôt leurs crânes révoltés
« Aux cendres des aïeux qui les ont exaltés.
« Poursuivons des vils Grecs le misérable reste,
« Abandonnez ces vins que Mahomet déteste,
« Et ces femmes en pleurs qui meurent dans les cris,
« Indignes des guerriers qu'attendent les houris ! »
Ainsi criait l'Emir, et dans sa main sanglante
S'agitait de Damas la lame étincelante ;
Son cheval bondissant écumait sous le mords,
Et ses fers indignés glissaient au sang des morts,
Quand le maître animait sa hennissante bouche,
Et d'un large étrier pressait son flanc farouche.
Eveillés à ses cris, ses soldats basanés
S'avancent d'un pas ivre et les yeux étonnés.

Quand le tigre indolent sorti de sa mollesse,
De ses flancs tachetés déployant la souplesse,
A saisi dans ses bonds le chevreuil innocent,
Longtemps après sa mort il lèche encor son sang,
Il disperse sa chair d'un ongle plein de joie,

Vers 21-26. « Ainsi repose un lion de Numidie, après avoir déchiré un troupeau de brebis ; sa faim est apaisée, sa poitrine exhale l'odeur du carnage ; il ouvre et ferme tour à tour sa gueule fatiguée qu'embarrassent des flocons de laine ; enfin il se couche au milieu des agneaux égorgés ; sa crinière, humectée d'une rosée de sang, retombe des deux côtés de son cou ; il croise ses griffes puissa[illegible]es ; il allonge la tête sur ses ongles, et, les yeux à demi fermés, il lèche encore les molles toisons étendues autour de lui » (Chateaubriand, *Martyrs*, liv. VI ; *Œuvres*, t. IV, p. 95.) Rapprochez la phrase célèbre du *Génie du Christianisme*, Ire partie, liv. VI, chap. II : « Le tigre déchire sa proie, et dort ; l'homme devient homicide, et veille ». (*Œuvres*, t. II, p. 126.)

Roule en broyant les os et s'endort sur sa proie.
Non moins lâche et cruel, le Musulman trompeur
Se venge sur les morts d'avoir senti la peur ;
Il demande la paix, il l'obtient par la feinte ;
Puis, la tête ennemie, offerte à lui sans crainte,
Tombe, et lui sert de coupe à ce même festin
Qu'avait, pour le traité, préparé le matin.
En de telles horreurs Athène était plongée,
Et tant de cris sortaient d'une foule égorgée,
Que, si j'osais conter d'une imprudente voix
Ces attentats, un jour le repentir des rois,
Le guerrier briserait son impuissante épée
Dans son élan vengeur par le devoir trompée,
La mère, des chrétiens accusant la lenteur,
Regardant vers le seuil, sur son sein protecteur
Presserait son enfant ; et la Vierge innocente
Cacherait dans ses mains sa tête rougissante.
Au bruit de la timbale et des clairons d'airain
Les coursiers se cabrant font résonner le frein ;
Leurs fronts jettent l'écume et leurs pieds la poussière,
Du sultan de Stamboul élevant la bannière

Vers 43-48. Comparez Byron, *Siège de Corinthe*, XXII : « Les tambours et les trompettes retentissent, les bannières se déployent avec bruit et flottent au bout de leurs piques ; on entend le hennissement des coursiers, le tumulte de l'armée et les cris : « Aux armes ! aux armes ! » Les étendards des pachas sont portés à la tête de leurs troupes ; les sabres sont tirés du fourreau ; l'armée est rangée en bataille et n'attend plus que le signal. Tartares, Spahis, Turcomans, accourez à l'avant-garde... Les coursiers mordent leurs freins en frémissant ; ils relèvent fièrement leur crinière flottante ; le mors est couvert d'une blanche écume. » (Trad. Pichot, IIe éd., t. I, p. 176.)

Le Pacha vient, on part. Les Spahis en marchant
Règlent leur pas sonore aux mots sacrés du chant :

Allah prépare leur défaite ;
Priez, chantez : Dieu seul est Dieu,
Et Mahomet est son Prophète.

Vers 49-58. La maxime arabe par laquelle débute cette strophe est bien connue, et Vigny, au surplus, n'a eu qu'à feuilleter le Coran pour l'y retrouver. Mais les détails de la fin ont été empruntés au *Giaour*. « Mais toi, perfide assassin, tu seras livré à la fausse vengeresse de *Monkir*, et tu n'échapperas aux tortures qu'il te prépare que pour errer autour du trône d'*Eblis*. Un feu dévorant consumera éternellement ton cœur, aucune langue ne pourrait exprimer les affreux tourments qui en feront un véritable enfer ! » (Trad. Pichot, IIe éd., t. II, p. 30.) Byron ajoute en note : « Monkir et Nekir sont les inquisiteurs des morts qui font, en leur présence, une espèce de noviciat, et reçoivent un avant-goût des tourments des damnés. Si les réponses que donne le coupable à ces deux génies de l'enfer ne sont pas telles qu'il les désire, il est tiré en haut avec une faux et repoussé avec une massue de fer rouge. » (*Ibidem*, p. 54.) Il avait lui-même puisé ces détails dans une note de *Vathek*, le conte de Beckford, auquel il renvoie. « Monkir et Nekir, deux anges noirs dont la fonction est d'examiner tous les objets concernant la foi. Quiconque ne leur rend pas un compte satisfaisant est certain d'être assommé avec des massues de fer rouge, et d'être tourmenté au delà de toute expression. » (*Vathek, conte arabe*. Paris, 1787, p. 188.) Le texte du Coran ne contient pas les noms de Monkir et de Nekir. Dans les *Préliminaires* de Sale, dont la version française sert d'introduction à la traduction du Coran par du Ryer (Amsterdam, 1770, t. I, p. 155) comme dans les notes de la traduction de Savary (Paris, 1783, t. I, p. 186), les deux anges examinateurs sont appelés *Monker* et *Nakir*. Quant aux trois derniers vers, je ne sais d'où Vigny en a emprunté la substance, à moins qu'il n'ait assez librement interprété ces passages des *Préliminaires* de Sale : « Ils (les anges examinateurs) ordonnent au défunt de se tenir sur son séant, tandis qu'ils l'examinent sur sa foi... S'il répond d'une manière satisfaisante, ces deux anges permettent que le corps repose en paix et soit rafraîchi par l'air du Paradis ; mais s'il répond mal, ils le frappent sur

Le Koran gouverne ce lieu ;
Que le Giaour tombe et meure.
Dans la flamboyante demeure
Par Monkir [1] il sera jeté.
La terre brûlera l'impie,
Car sa tombe sera sans pluie
Sous les dards plombés de l'été.

Le Croyant superbe s'avance :
Il est brave ; il sait que son sort
Avec lui marche, écrit d'avance

1. Monkir, l'ange des Enfers. (*Alkoran.*) [Note de Vigny.]

---

les tempes avec des masses de fer jusqu'à ce que la douleur lui fasse pousser de si hauts cris qu'il soit entendu depuis le Levant jusqu'au Couchant. . Alors ils pressent de la terre sur ce corps qui est mordu et rongé par 99 dragons à sept têtes jusqu'au jour de la résurrection. » (*Ouvr. cité*, t. I, p. 155.) « Une de leurs grandes souffrances (il s'agit des injustes) sera une soif étonnante et incroyable, qui fermera leur bouche et dans laquelle ils seront plongés plus ou moins suivant la grandeur de leurs crimes... Et cette sueur ne viendra pas seulement de ce grand concours de toutes les créatures qui se presseront et se marcheront sur les piés, mais elle sera produite par le voisinage du soleil, qui ne sera alors éloigné que de la distance d'un mille, ou (comme quelques uns traduisent) de la longueur d'un poinçon : de sorte que leur tête bouillira comme un pot. » (*Ibid.*, t. I, p. 176.)

Vers 59-62. « L'homme porte son sort attaché au col. » (*Coran*, ch. XVII.) « Le sixième article de foi dont l'Alcoran exige la créance, et qui est d'une très grande importance, c'est le décret absolu de Dieu et la prédestination, tant pour le bien que pour le mal... Mahomet se sert beaucoup de cette doctrine dans l'Alcoran pour l'avancement de son but, amenant ses sectateurs à combattre sans crainte et en désespérés pour la propagation de leur foi, car il leur représente que toutes les précautions possibles ne sauraient changer leur inévitable destinée et prolonger leur vie d'un moment. » (*Préliminaires* de Sale, *ouvr. cité*, t. I, p. 209.)

Sur l'invisible collier d'or [1] ;
Son front sous le dernier génie,
Dont le vol a de l'harmonie,
Se courbe sans être irrité.
La prévoyance est inhabile
A reculer l'heure immobile
Que marque la fatalité.

Si la mort frappe le fidèle,
Quittant son paradis vermeil
Et déployant l'or de son aile,
La Péri [2] viendra du Soleil.
Ses chants le berceront de joie,

1. *Alkoran.* [Note de Vigny.]
2. Ange féminin chez les Mahométans : il vit dans le Soleil et parmi les Astres. (*Alkoran.*) [Note de Vigny.]

Vers 69-78. Les Péris avaient été mises à la mode par le poème de Thomas Moore, *Lalla Rookh* (1817), traduit en français par Amédée Pichot en 1820. Moore les définit « de belles créatures de l'air, qui vivent de parfums ». C'est ainsi du reste que les représente d'Herbelot, auprès de qui il s'est renseigné (*Bibliothèque orientale*, article *Péri.*) Le Coran n'en parle point, et je ne sais sur quoi Vigny s'est appuyé pour les faire vivre, comme le dit sa note, « dans le soleil et parmi les astres ». Mais il n'est pas difficile de voir d'où viennent les six derniers vers de la strophe. Ils traduisent ce passage du *Giaour* : « Il mourut les armes à la main et il ne fut pas vengé... Mais les vierges du paradis s'empressent de le recevoir dans les demeures célestes, et les yeux brillants des houris lui souriront à jamais. Elles vont à sa rencontre en agitant leurs voiles couleur d'émeraude ; elles accueillent le brave avec un baiser. » (Trad. Pichot, IIe édit., t. II, p. 29.) D'après une note de Byron lui-même, « c'est presque la traduction littérale d'un chant guerrier des Turcs : « Je vois la fille du paradis aux yeux noirs ; elle fait flotter un voile couleur d'émeraude ; elle me crie : Viens, accorde-moi les baisers, car je t'aime, etc., etc. » (*Ibidem*, p. 54.)

Ses doigts ont travaillé la soie
Où le brave doit reposer ;
L'entourant d'une écharpe verte,
Sa bouche de rose entr'ouverte
L'accueillera par un baiser.

Qui puisera les eaux sacrées
Dans la fontaine de Cafour [1],
Où les houris désaltérées
Chancellent et tombent d'amour ?
Leurs yeux doux, qu'un cil noir protège,

1. Fontaine du Paradis turc : elle roule des pierreries. (*Alkoran.*) Note de Vigny.]

Vers 79-82. Le Coran dit au chapitre LXXVI que « les justes boiront un vin exquis mêlé avec l'eau de Cafour ». Il n'ajoute point que cette fontaine du paradis « roule des pierreries ». Vigny a pu se référer à un passage de Sale : « Comme l'abondance des eaux est une des choses qui contribuent le plus à rendre un lieu agréable, aussi l'Alcoran parle-t-il souvent des rivières du Paradis. On dit que ce jardin est arrosé d'une infinité de sources et de fontaines dont les cailloux ne sont que rubis et émeraudes. . » (*Ouvrage cité*, t. I, p. 195.)

Vers 83-88. Les descriptions des houris abondent dans le Coran, et Vigny n'a eu que l'embarras du choix. « Les justes habiteront les jardins de la volupté. A l'abri des peines de l'enfer, ils jouiront des faveurs du ciel. Rassasiez-vous, leur dira-t on, des biens qu'on vous offre : ils sont le prix de vos vertus. Reposez sur ces lits rangés en ordre. Ces vierges au sein d'albâtre, aux beaux yeux noirs, vont devenir vos épouses... On leur présentera des coupes remplies d'un vin délicieux dont la vapeur ne leur fera tenir aucun propos indécent et ne les excitera point au mal. » (Chap. LII.) — L'épithète de *chaude*, appliquée à la liqueur que boiront les justes, ne laisse pas de surprendre. Le Coran insiste d'ordinaire sur la fraîcheur des boissons du paradis, et réserve aux impies les rasades d'eau bouillante ou d'étain fondu. Mais peut-être la rime est-elle responsable de cette inexactitude.

Vous regardent : leurs bras de neige
Applaudiront au combattant ;
Et dans des coupes d'émeraude
Une liqueur vermeille et chaude
Coule de leurs doigts et l'attend.
  Allah prépare leur défaite,
Il a pris le glaive de feu ;
Priez, chantez : Dieu seul est Dieu,
Et Mahomet est son Prophète.

Si de grands bœufs errans sur les bords d'un marais
Combattent le loup noir sorti de ses forêts,
Long-temps en cercle étroit leur foule ramassée
Présente à ses assauts une corne abaissée,
Et, reculant ainsi jusque dans les roseaux,
Cherche un abri fangeux sous les dormantes eaux.
Le loup rôde en hurlant autour du marécage :
Il arrache les joncs, seule proie à sa rage,
Car, au lieu du poil jaune et des flancs impuissans,
Il voit nager des fronts armés et mugissans.

Vers 93-112. « Tel on voit un troupeau de loups affamés se précipiter sur un taureau sauvage, malgré le feu que lancent ses yeux et les rugissements de sa colère : c'est en vain qu'il foule aux pieds ou fait voler dans les airs avec ses cornes sanglantes ceux qui osent l'attaquer les premiers ; tels les musulmans marchent aux remparts ; tels les plus audacieux succombent sous les coups des assiégés. » (*Le Siège de Corinthe*, XXIII ; trad. Pichot, IIe édit., t. I, p. 177.) Vigny n'a point copié la comparaison de Byron, mais il s'en est inspiré ; il l'a en quelque sorte retournée, et l'a développée avec une vigueur qui fait de ce morceau un des meilleurs de son poème. Brizeux, qui connaissait bien et admirait *Héléna*, (voir l'*Introduction*, III), s'est souvenu de ce

Mais que les aboiemens d'une meute lointaine
Rendent sûrs ses dangers et sa fuite incertaine,
Il s'éloigne à regret ; son œil menace et luit
Sur l'ennemi sauvé que lui rendra la nuit :
Tandis que, rassuré dans sa retraite humide,
Le troupeau laboureur, devenu moins timide,
Sortant des eaux ses pieds fourchus et limoneux,
Contemple le combat des limiers généreux.
Tels les Athéniens, du haut de leurs murailles,
Ecoutaient, regardaient les poudreuses batailles.
« Quels pas ont soulevé ce nuage lointain ?
« Ces sables volent-ils sous le vent du matin ?
« Se disaient-ils : quittant l'Afrique dévorée,
« Le Semoun flamboyant souffle-t-il du Pyrée ?
« Il accourt vers Athène, et renverse en courant
« L'Ottoman qui résiste, et le laisse mourant.
« Ce sont des Grecs ; voyez, voyez notre bannière !
« Elle est resplendissante à travers la poussière. »
Mora la soutenait, et ses exploits errans

passage quand il a voulu décrire le combat d'un loup contre un troupeau de bœufs :

Les yeux en feu, le loup, comme un trait, sort du bois,
Tue un jeune poulain, étrangle une génisse :
Mais avant que sur eux l'animal ne bondisse,
Souvent tout le troupeau se rassemble, et les bœufs,
Les cornes en avant, se placent devant eux,
Le loup rôde à l'entour, ouvrant sa gueule ardente,
Et, hurlant, il se jette à leur gorge pendante :
Mais il voit de partout les fronts noirs se baisser,
Et des cornes toujours prêtes à le percer.
Enfin, lâchant sa proie, il fuit, lorsqu'une balle
L'atteint, et les bergers, en marche triomphale,
De hameaux en hameaux promènent son corps mort.

(*Les Bretons*, chant II.)

Bien loin derrière lui laissaient les premiers rangs.
Tenant sa main, paraît la belle et jeune fille,
Pâle ; un crucifix d'or au-dessus d'elle brille :
Elle osait l'élever d'un bras ferme et pieux,
Sans craindre d'appeler la mort avec les yeux,
Marchait, et d'un œil sûr comme sachant leurs crimes,
Au Grec avec sa croix désignait ses victimes.
Lui, suspendait ses pas, et sa froide fureur
Frappait, en souriant de dédain et d'horreur.
Alors on entendit, du haut des édifices,
Des femmes applaudir ces sanglans sacrifices ;
Elles criaient : « O Grèce ! O Grèce ! lève-toi !
« L'ange exterminateur vient, guidé par la foi ! »
Et, la joie et les pleurs se mêlant aux prières,
De leurs murs démolis précipitaient les pierres,
Et l'huile bouillonnante, et le plomb ruisselant
Jetés avec fracas en fleuve étincelant,
Répandaient aux turbans que choisissaient leurs haines,
Des maux avant-coureurs des éternelles peines ;
Tandis que, soulevant les pierres des tombeaux,
Leurs pères, leurs enfants, leurs époux en lambeaux,

Vers 141-144. Ces vers sont passablement obscurs. Il semble bien pourtant qu'il s'agit des morts qui sortent de la tombe pour venir au secours des vivants et les assister dans la lutte. Cette imagination assez singulière peut s'expliquer par une réminiscence de l'ode du poète grec, déjà citée, au IIIe chant de *Don Juan* : « Nous contenterons-nous de pleurer sur des jours plus heureux ? Nous contenterons-nous de rougir ? — Nos pères répandirent leur sang. Terre, entr'ouvre ton sein et rends-nous quelques anciens Spartiates. Ne nous rends que trois des *trois cents*, pour renouveler l'exploit des Thermopyles. Quoi !

Sortaient, pour le combat, de leurs retraites sombres,
Et de leurs grands aïeux représentaient les ombres.

Les Turcs tombent alors vaincus ; les deux amans
D'un pied triomphateur foulent ces corps fumans.
Comme on voit d'un volcan le feu long-temps esclave
Tonner, couler, descendre en une ardente lave,
Et, confondant les rocs et les toits arrachés
Aux cadavres brûlans des chênes desséchés,
Renouveler le Styx pour les tremblantes plaines,
Tels marchaient après eux les rapides Hellènes.
Leurs bras rassasiés, désœuvrés de martyrs,
Arrachaient en passant quelques derniers soupirs ;
Mais leurs yeux et leurs pas tendaient vers la fumée

tu ne réponds pas ? Morts, vous gardez le silence? Oh non ! — La voix des morts retentit comme un torrent lointain, et me crie : « Qu'un seul vivant lève la tête, un seul.... nous accourons, nous accourons ! — Les vivants seuls sont muets. » (Str. 7 et 8, trad. Pichot.)

Vers 155 et suiv. Le récit de Vigny se rapproche ici sensiblement de celui que fait Byron dans *le Siège de Corinthe* : mais tandis que dans *Héléna* les Turcs fuient et les Grecs sont vainqueurs, dans le poème anglais les Turcs l'emportent et les Grecs cherchent leur salut dans la mort. « On peut encore se retrancher dans l'église... Minotti et les siens s'y réfugient, laissant après eux un ruisseau de sang ; ils ne cessent en reculant de faire face à l'ennemi, et vont respirer un moment derrière les piliers massifs du lieu saint. Hélas ! que ce moment fut court ! Les musulmans voient augmenter leur nombre et leur audace : ils fondent sur les chrétiens avec tant d'audace que leur grand nombre lui-même devient funeste aux plus hardis... Les lumières qui ornent les autels des chrétiens ne peuvent percer de leur clarté vacillante les nuages produits par les décharges de mousqueterie. Les Ottomans sont devant la porte : elle résiste sur ses gonds d'airain ; à travers tous les vitraux brisés il pleut une grêle de traits mortels... » (Trad. Pichot, IIe éd., t. I, p. 183.)

Qui roulait en flots noirs sur l'église enflammée.
Là tombaient des chrétiens au pied de leur autel ;
On entendait le cri sans voir le coup mortel,
Car l'incendie en vain éclairait tant de crimes :
Les portes dérobaient et bourreaux et victimes.
On les frappe à grand bruit. Calme comme un vainqueur,
Mora pressait alors Héléna sur son cœur.
« Viens, disait-il, viens voir la maison paternelle,
« Puisque ses murs quittés te font si criminelle ;
« C'est là ta seule peine. Allons, viens avec moi,
« Le vainqueur amoureux va supplier pour toi ;
« J'y vais trouver ensemble et ta main et ta grâce :
« Qu'as-tu fait que la gloire et notre amour n'efface ? »
Mais elle s'avançait : « Ne parlez pas ainsi,
« Vous allez m'affaiblir ; Dieu m'a conduite ici ! »
Et le délire alors semblait troubler sa vue
Vers le temple brûlant toujours, toujours tendue.
« C'est Dieu qui me fait voir quel doit être mon sort !
« Silence ! taisons-nous ; j'entends venir ma mort ! »
On entendait, au fond de l'église en tumulte,
Des hurlements, des cris de femmes, et l'insulte,
Et le bruit de la poudre et du fer. Cependant
Un nuage de feu sortait du toit ardent.
« Mon ami, disait-elle, ô soutenez mon âme !
« Rendez-moi forte : hélas ! je ne suis qu'une femme ;

Vers 175-177. Comparer ces vers de *l'Aveugle* (253-256) :

L'autel est dépouillé. Tous vont s'armer de flamme,
Et le bois porte au loin les hurlements de femme,
L'ongle frappant la terre, et les guerriers meurtris
Et les vases brisés, et l'injure et les cris.

« Quand je vous vois, je sens que j'aime encor le jour ;
« Il ne me reste plus à vaincre que l'amour ;
« Pour l'autre sacrifice, il est fait. » Et ses larmes
Qu'elle voulait cacher, l'ornaient de nouveaux charmes.
Lui, la priait de vivre, et ne comprenait pas
Quels chagrins l'appelaient à vouloir le trépas.
Elle était sur son cœur ; sa tête était penchée.
On croyait qu'à ses cris elle serait touchée ;
Mais la porte du temple est ouverte, et l'on voit
Tous ceux que menaçait le poids brûlant du toit :
Tous les Turcs étaient là ; mais chacun d'eux s'arrête,
Croise ses bras, jetant son fer, lève la tête,
Et sur la mort qui tombe ose fixer les yeux.
Un seul cri de terreur s'élève jusqu'aux Cieux ;
Le dôme embrasé craque, et dans l'air se balance.
« Je les reconnais tous ! » dit-elle. Elle s'élance,
Et sur le seuil fumant monte. « Je meurs ici !
« — Sans ton époux, dit-il. — Mes époux ? les voici !
« Je meurs vengée ! Adieu, tombez, murs que j'implore ;
« Les Cieux me sont ouverts, mon âme est vierge encore ! »

Vers 189 et suiv. «... Mais le portique ébranlé tremble sur ses fondements, le fer cède, les gonds crient et se rompent, la porte tombe... Arrêté sur le marche-pied de l'autel, Minotti survit presque seul aux braves qui n'ont pu sauver Corinthe ; il n'a pas cessé de menacer les Turcs qui le poursuivent... La flamme et le fer des Musulmans l'enveloppent de toutes parts. » (*Le Siège de Corinthe*, XXIX et XXX ; trad. Pichot, t. I, pp. 184-185.)

Vers 200. Rapprochez cette note mise par Vigny sur son exemplaire de Corneille (voir l'*Introduction*, III) à la tirade de Théodore raillée par Voltaire (*Théodore*, III, I) :

Je saurai conserver, d'une âme résolue,
A l'époux sans macule une épouse impollue.

Et le clocher, les murs, les marbres renversés,
Les vitraux en éclats, les lambris dispersés,
Et les portes de fer, et les châsses antiques,
Et les lampes dont l'or surchargeait les portiques,
Tombent; et dans sa chute ardente, leur grand poids
De cette foule écrase et la vie et la voix.
Long-temps les flots épais d'une rouge poussière
Du soleil et du ciel étouffent la lumière ;
On espère qu'enfin ses voiles dissipés
Montreront quelques Grecs au désastre échappés ;
Mais la flamme bientôt, pure et belle, s'élance
Et sur les morts cachés brille et monte en silence.

« Corneille est plus vrai et plus décent que Voltaire. Le corps seul est violé, l'âme est vierge » (Langlais, *Notes inédites d'A. de Vigny sur Pierre et Thomas Corneille*, dans la *Revue d'histoire littéraire de la France*, 1904, p. 471.)

Vers 201 et suiv. Comparez, pour le mouvement et la coupe des vers, ce passage de *l'Aveugle* (244-252) :

Le quadrupède Hélops fuit ; l'agile Crantor,
Le bras levé l'atteint ; Eurynome l'arrête.
D'un érable noueux il va fendre sa tête.
Lorsque le fils d'Égée, invincible, sanglant,
L'aperçoit, à l'autel prend un chêne brûlant,
Sur sa croupe indomptée, avec un cri terrible,
S'élance, va saisir sa chevelure horrible,
L'entraîne, et quand sa bouche, ouverte avec effort,
Crie, il y plonge ensemble et la flamme et la mort ;

pour le fond des choses, cet autre de Byron : « Soudain Minotti approche sa torche du salpêtre. Le clocher, les voûtes, l'autel, les reliques, les objets précieux du culte, les vainqueurs, les chrétiens, les morts et les vivants sautent avec les débris du temple. La ville est presque renversée de fond en comble ; les murailles s'écroulent ; les flots de la mer reculent un moment ; les montagnes sont ébranlées comme par la secousse d'un tremblement de terre. Cette explosion épouvantable a lancé jusqu'aux cieux mille débris informes au milieu d'un immense nuage enflammé. » (*Le Siège de Corinthe*, XXIII, trad. Pichot, t. I, p. 186.)

Cependant, vers le soir, les combats apaisés
Livrèrent toute Athène aux vainqueurs reposés.
Après l'effroi d'un jour que la flamme et les armes
Avaient rempli de sang et de bruit et d'alarmes,
Sur les murs dévastés, sur les toits endormis,
La lune promenait l'or de ses feux amis.
Athène sommeillait ; mais des clartés errantes,
Puis, dans l'ombre, des cris soudains, des voix mourantes,
De quelques fugitifs venaient glacer les cœurs ;
Ils craignaient les vaincus non moins que les vainqueurs ;

Vers 222 et suiv. D'où a pu venir à Vigny l'idée de mêler, — bien inutilement, semble-t-il, — les juifs d'Athènes à l'action de son poème ? Très vraisemblablement du rôle joué par les israélites d'Orient dans les massacres et les pillages dont Constantinople et d'autres villes furent le théâtre. Il avait été signalé à plusieurs reprises par les journaux européens. « La ville d'Andrinople a été le théâtre d'une autre scène d'horreur. Le 9 mai, un ex-patriarche de Constantinople y a été pendu avec trois évêques et quarante riches Grecs. Ce sont les juifs qui dénoncent aux Turcs les Grecs qui ont de la fortune... Plusieurs Grecs cherchent à se sauver en achetant le silence des délateurs israélites ; mais ils sont souvent cruellement trompés par ces misérables. » (*Débats* du 13 juin 1821.) — « A Bucharest, on voit tous les jours des exécutions. Les juifs, dans l'espoir de s'emparer du commerce, dénoncent tous les Grecs aisés comme partisans d'Ypsilanti. » (*Débats* du 20 juillet.) — « On a aussi des nouvelles de Constantinople qui peignent l'état des choses avec les couleurs les plus sombres. La destruction de la flotte avait encore exaspéré le sultan et le peuple ; les maisons des Grecs furent toutes livrées au pillage, et les juifs servaient d'espions et de guides à la populace. » (*Débats* du 23 juillet.) — « Les troupes turques ont rassemblé plus de mille femmes et vierges des environs de Salonique et les ont envoyées aux bazars de Salonique et de Constantinople pour y être vendues... On assure que des juifs ont encore joué un rôle méprisable en cette occasion : ils ont fourni aux Turcs les listes des femmes et des filles les plus belles, qu'ils connaissaient par les libres entrées que leur commerce

Ils étaient Juifs. Surtout en haut de la colline
Que du vieux Parthénon couronne la ruine,
Dans ses piliers moussus, ses anguleux débris,
Ils avaient cru trouver de plus secrets abris.
Comme l'humble araignée et sa frêle tenture,
Des lambris d'un palais dérobent la sculpture,

leur avait procurées dans les maisons des Grecs. » (*Débats* du 5 décembre 1821.) Les Grecs ne se faisaient pas faute d'user de représailles. « Dans leur vengeance, les Grecs ne se bornaient pas au massacre des Turcs; ils regardaient les juifs comme des ennemis plus odieux encore. On les vit, à cette époque où le souvenir du rôle affreux que les misérables israélites de Constantinople jouèrent dans le supplice du patriarche était encore présent, inventer des tourments nouveaux pour venger sur les individus de cette croyance qu'ils pouvaient arrêter ce qu'ils nommaient le crime de tous. A la vérité, les juifs de l'Orient eux-mêmes ne se conduisirent pas très bien, dès le début de la révolution, envers les Grecs, suspects dès lors au gouvernement ; mais ce n'était pas une raison pour outrager en eux la nature et l'humanité. » (Raffanel, *Histoire complète des événements de la Grèce depuis les premiers troubles jusqu'à ce jour*, Paris, 1825, t. I, p. 71.) Vigny ne pouvait évidemment avoir lu cette page en 1821 ; mais elle résume des faits connus de tous ceux qui, dès le début de l'insurrection hellénique, avaient suivi au jour le jour dans les gazettes les nouvelles d'Orient. Même avant le début de la guerre, les voyageurs avaient noté la haine commune et l'égal mépris des mahométans et des chrétiens de Grèce pour les Juifs. Pouqueville raconte un souper en plein air en Albanie : « Comme il n'y avait là que des chrétiens et des mahométans, on damna à l'unanimité tous les Juifs : un docteur turc ajouta, suivant le dogme du Prophète, qu'après leur mort ils étaient métamorphosés en ânes pour porter en enfer les âmes des mauvais islamistes. » (*Voyage dans la Grèce*, Paris, 1820-1821, t. III, p. 33.) Et plus loin : « A Corfou et dans les villes où les Grecs dominent, les juifs sont souvent avanisés, rançonnés et persécutés sous prétexte de faire passer aux aiguilles des enfants chrétiens qu'ils dérobent, afin de boire leur sang. » (T. III, p. 227.)

Vers 227 et suiv. Ce détail topographique est un souvenir de Cha-

Une Mosquée, au coin du temple chancelant,
Suspendait sa coupole et cachait son front blanc :
C'est là qu'une famille, encor d'effroi troublée,
En cercles ténébreux s'était toute assemblée ;
Autour d'un candélabre aux autels dérobé,
Ils comptaient l'amas d'or entre leurs mains tombé,
Les sabres de Damas que le soldat admire,
Et les habits moelleux tissus à Cachemire,
Les calices chrétiens, les colliers, les croissans,
Ces boucles, de l'oreille ornements innocens ;
Car aux fils de Judas toute chose est permise,
Comme dans leurs trésors toute chose est admise.
D'avance épouvantés d'images de trépas,
Tous ces Juifs ont frémi ; l'on entendait des pas,
Le pas d'un homme seul sous la voûte sonore :
Il marchait, s'arrêtait, et puis marchait encore.
Et l'écho des degrés, en bruits sourds et confus,
Leur renvoya ces mots vingt fois interrompus :

« Le sang du fer vengeur s'essuiera dans la terre.

teaubriand : « Nous employâmes la matinée entière à visiter la citadelle Les Turcs avaient autrefois accolé le minaret d'une mosquée au portique du Parthénon. Nous montâmes par l'escalier à moitié détruit de ce monument. » (*Itinéraire ; Œuvres complètes*, 1859, t. V, p. 192.)

Vers 247 et suiv. Ce n'est pas sans raison, j'imagine, que Vigny a donné au dernier chant de son poème une épigraphe empruntée à *la Mort de Pompée*. Ces trois vers sont tirés de la scène où Cornélie, tenant en sa main l'urne qui renferme les cendres de son époux, adresse la parole à ces « pitoyables restes » et jure sur eux de ne plus vivre que pour la vengeance. Le souvenir de ce dramatique tableau n'est point étranger à l'épilogue d'*Héléna*. Sans doute, si les attitudes

Je veux qu'il creuse là ta fosse solitaire :
Dans l'urne inattendue où ne luit aucun nom,
« Ta cendre va dormir au pied du Parthénon.
Dans ce vase de mort, teint d'une antique rouille,
On ne versa jamais plus lugubre dépouille,
Tant de malheurs dedans, et tant de pleurs dehors,
N'ont jamais affligé ses funéraires bords.
Et certes cette gloire au moins nous est bien due,
D'avoir de tout malheur dépassé l'étendue.
— Ni l'homme d'aujourd'hui, ni la postérité
N'oseront te sonder jusqu'à la vérité,
Jeune cendre ; et des maux de ce jour de misères
La moitié suffirait aux désespoirs vulgaires.
Quand un passant viendra chercher, en se courbant,

se ressemblent, la situation n'est pas la même, et les sentiments sont différents. Les adieux mélancoliques de Mora à la jeune fille qu'il aime encore, malgré la souillure involontaire qu'elle a avouée en mourant, n'ont rien de commun avec les serments passionnés que la haine dicte à la veuve de Pompée. Mais est-ce trop prétendre que de retrouver, dans certains vers de cette longue tirade, quelque chose de l'âme, de l'accent et du style même de Corneille ? Mora s'enorgueillit de l'excès de son malheur, comme fait le jeune Horace ; comme Rodrigue et comme Chimène, il repousse l'idée d'un bonheur qu'il eût fallu acheter par le sacrifice de cet honneur si cher aux héros cornéliens ; il s'indigne comme eux et se gourmande de ne pas « vouloir en assurance » ; il analyse son cas avec la subtilité que le vieux poète communique volontiers à ses personnages :

Il faut pleurer sa mort sans regretter sa vie...

et les antithèses viennent d'elles-mêmes se placer sur ses lèvres :

Dans ce vase de mort, teint d'une antique rouille,
On ne versa jamais plus lugubre dépouille ;
Tant de malheurs dedans, et tant de pleurs dehors,
N'ont jamais affligé ses funéraires bords, etc.

Quelques vieux noms de morts dérobés au turban.
Il trouvera cette urne, et, déterrant sa proie,
Rassasiera de nous sa curieuse joie;
Il tournera long-temps ce bronze, et, pour jamais,
Dispersera dans l'air la beauté que j'aimais.
Et si son cœur tressaille à l'aspect de sa cendre,
Si dans des maux passés il consent à descendre ;
Que pourra sa pitié ? Ce que toujours on vit,
Plaindre non l'être mort, mais l'être qui survit ;
Moi-même j'ai bien cru que la mort d'une amante
Etait le plus grand mal dont l'enfer nous tourmente.
Ah ! que ne puis-je en paix savourer ce malheur !
Il serait peu de chose auprès de ma douleur.
Dans son temps virginal que ne l'ai-je perdue ?
A se la rappeler ma tristesse assidue
La pleurerait sans tache, et distillant mon fiel,
Je n'aurais qu'à gémir et maudire le Ciel !
Je dirais : Héléna ! que n'es-tu sur la terre ?
Tu laisses après toi ton ami solitaire,
Renais ! Que ta beauté, belle de ta vertu,
Vienne au jour, et le rende à mon cœur abattu.
Mais de pareils regrets la douceur m'est ravie,
Il faut pleurer sa mort sans regretter sa vie ;
Et si ces restes froids cédaient à mon amour,
J'hésiterais peut-être à lui rendre le jour.
Malheur ! je ne puis rien vouloir en assurance,
Et dédaigne le bien qui fut mon espérance !
Héléna, nous n'aurions qu'un amour sans honneur:
Vas, j'aime mieux ta cendre encor qu'un tel bonheur.

Descends, descends en paix ; attends ici ma gloire,
En te la rapportant après notre victoire,
Je la mépriserai pour te pleurer toujours,
294 Et, ton urne à la main, je compterai mes jours. »

FIN DU TROISIÈME ET DERNIER CHANT.

TABLE DES MATIÈRES

INTRODUCTION

HÉLÉNA

Vu :
Le 7 janvier 1907.
Le Doyen de la Faculté des Lettres
de l'Université de Paris,
A. Croiset.

Vu et permis d'imprimer :
Le Vice-Recteur de l'Académie de Paris,
L. Liard.

Poitiers. — Société française d'Imprimerie et de Librairie.

Reliure serrée

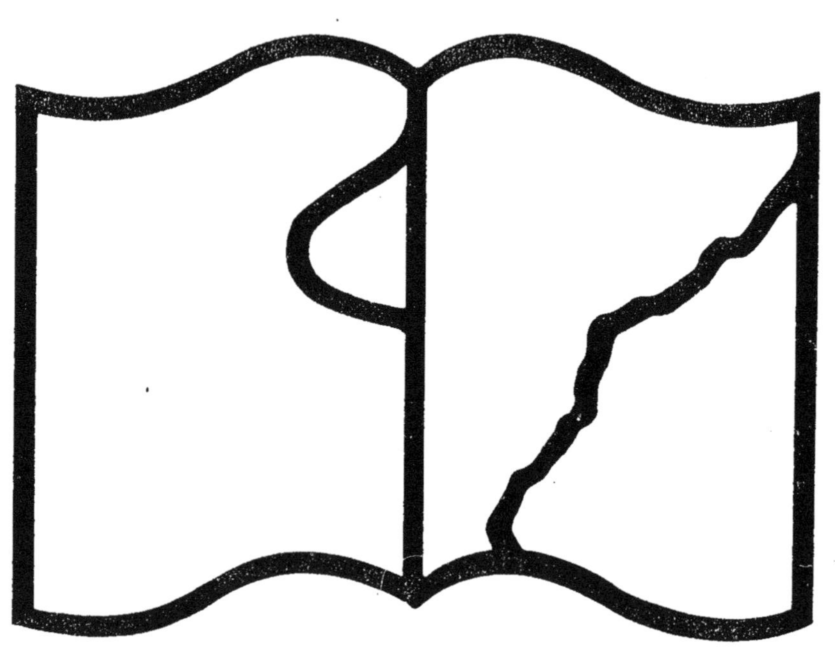

Texte détérioré — reliure défectueuse

NF Z 43-120-11

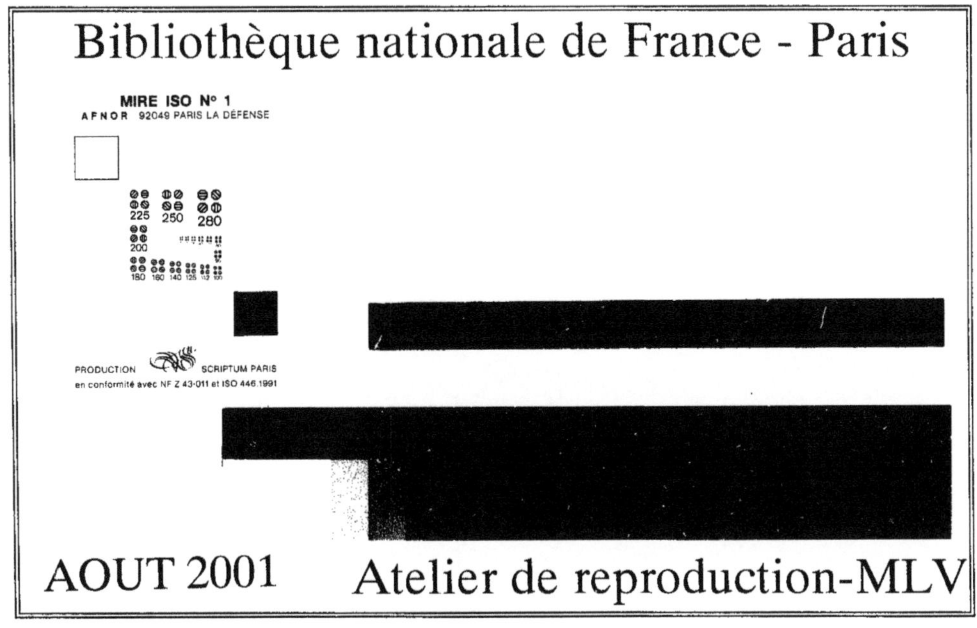

www.ingramcontent.com/pod-product-compliance
Ingram Content Group UK Ltd.
Pitfield, Milton Keynes, MK11 3LW, UK
UKHW020608180726
13838UKWH00001B/499

9 782329 378107